LA VIE DANS LES CAMPS DE BÛCHERONS AU TEMPS DE LA PITOUNE

Raymonde Beaudoin

LA VIE DANS LES CAMPS DE BÛCHERONS AU TEMPS DE LA PITOUNE

Deuxième édition

Septentrion

Pour effectuer une recherche libre par mot-clé à l'intérieur de cet ouvrage, rendez-vous sur notre site Internet au www.septentrion.qc.ca

Les éditions du Septentrion remercient le Conseil des Arts du Canada et la Société de développement des entreprises culturelles du Québec (SODEC) pour le soutien accordé à leur programme d'édition, ainsi que le gouvernement du Québec pour son Programme de crédit d'impôt pour l'édition de livres.

Financé par le gouvernement du Canada | Canada

Photographie de la couverture : Valbert Robillard de Sainte-Émélie-de-l'Énergie. Photo de Roger Beaudoin.
Photographie de la quatrième de couverture : Ouverture d'un barrage à Casey. Photo de Roger Beaudoin.
Chargée de projet : Sophie Imbeault
Révision : Julie Veillet et Solange Deschênes
Numérisation et traitement des photos : Michel Lafortune, photographe
Conception cartographique : JLC géomatique
Mise en pages : Pierre-Louis Cauchon
Maquette de couverture : Gilles Herman

Si vous désirez être tenu au courant des publications
des ÉDITIONS DU SEPTENTRION
vous pouvez nous écrire par courrier,
par courriel à sept@septentrion.qc.ca,
ou consulter notre catalogue sur Internet :
www.septentrion.qc.ca

835, av. Turnbull
Québec (Québec)
G1R 2X4

Dépôt légal :
Bibliothèque et Archives
nationales du Québec, 2016
ISBN papier : 978-2-89448-823-2
ISBN PDF : 978-2-89664-990-7
ISBN EPUB : 978-2-89664-991-4

Diffusion au Canada :
Diffusion Dimedia
539, boul. Lebeau
Saint-Laurent (Québec)
H4N 1S2

Ventes en Europe :
Distribution du Nouveau Monde
30, rue Gay-Lussac
75005 Paris

Avec affection et admiration,
je dédie ce livre à mes parents Colette et Roger.

REMERCIEMENTS

JE REMERCIE DE TOUT CŒUR Claudette Bélanger, Hubert Coutu, Paul-André Déry, Colette Gauvin, Louise Lavergne, Michel Lafortune, photographe, Thérèse St-Georges, Ginette Nault, Louis Pelletier, Diane Trudeau, Claude, mon conjoint, et mes sœurs Christiane et Josée pour leur soutien. Je tiens à remercier de façon particulière Ariane, ma fille, pour toutes les heures qu'elle a consacrées à la lecture de ce document.

J'exprime toute ma reconnaissance à messieurs Olivier Beaudoin, Gaspard Coutu, Salomon Lépine et madame Blanche Bazinet qui ont accepté avec un grand plaisir de partager une partie de leur vécu. Je tiens également à souligner la générosité des gens qui m'ont offert gracieusement les photos qui illustrent cet ouvrage.

INTRODUCTION

Au début des années 1980, j'ai assisté à un spectacle au Centre culturel de Joliette. Deux heures de danse folklorique sur des musiques traditionnelles. Des artistes extraordinaires ! Dans l'un des numéros, les jeunes danseurs, vêtus de chemises à carreaux, représentaient des bûcherons québécois. Ils avaient tous une petite bouteille de gin, bien visible, dans la poche de leur chemise. Cette image ne rendait pas justice à ces travailleurs. À la fin de la soirée, je me suis dirigée derrière la scène pour féliciter les danseurs. Je voulais surtout leur dire qu'il n'y avait pas d'alcool dans les camps de bûcherons. On ne buvait pas dans les chantiers. Les gens de la troupe ne le savaient pas. Pire, ils ne m'ont pas crue !

J'ai eu, tout à coup, l'impression d'avoir de la gomme d'épinette dans les veines. Je me suis revue à quatre ans au chantier, à Saint-Michel-des-Saints. Ma sœur et moi dormions dans un lit que mon père nous avait fait. Il avait installé une planche entre nous pour que nous gardions chacune notre chaude couverture de laine grise. Nous étions bien. Je n'ai oublié ni l'odeur du pain chaud ni le goût du thé sucré.

Le lendemain, je suis allée dans des bibliothèques à Joliette, à l'Université de Montréal et à la Bibliothèque nationale du Québec. J'ai pu y lire quelques ouvrages traitant du commerce du bois à différentes périodes dans l'histoire du Québec. Je cherchais des renseignements sur la vie quotidienne dans les chantiers au temps de mes parents. Qui étaient vraiment les bûcherons de 1937 à 1955 ? Qui étaient ces femmes qui les ont suivis comme *cooks* ? Comment se fait-il qu'on ne les connaisse pas ?

J'ai téléphoné à Statistique Canada pour obtenir des chiffres. Ils étaient rares pour cette période. Madame Danièle Camirand, une employée, m'a été d'une aide très précieuse. J'ai rejoint ensuite monsieur Robert-Lionel Séguin, historien à l'Université du Québec à Trois-Rivières, qui m'a pressée d'écrire parce que je ne trouverais pas dans les livres ce que je cherchais.

Je me suis finalement adressée à monsieur Morin au bureau de la Consolidated Paper. Ce dernier m'a conseillé de m'adresser à Roger Beaudoin qui, a-t-il ajouté, « vit encore à Sainte-Émélie-de-l'Énergie ». Je lui ai répondu : « Mais, ce monsieur Beaudoin, c'est mon père ! » Nous avons bien ri.

Mes parents sont, en effet, les témoins privilégiés de cette page de notre histoire. Colette St-Georges, de Saint-Jean-de-Matha, et Roger Beaudoin, de Sainte-Émélie-de-l'Énergie, ont travaillé dans les chantiers de 1937 à 1955. Deux parcours différents !

Colette se souvient avec moult détails de la construction des camps et de ses journées comme *cook*. Son père, Sévérin St-Georges, était un *jobber* bien connu et respecté de Saint-Jean-de-Matha. Roger, lui, décrit le « bûchage à la mitaine », le « bûchage à la garde », le cordage, l'étampage, les salaires, le *charroyage* et même la drave, depuis son premier hiver dans le bois.

Colette et Roger racontent leur vie quotidienne, livrant du même coup toute l'organisation d'un chantier. Leur mémoire est phénoménale. Ils ne laissent tomber aucun détail. Ils ont connu des *guidis*, des *shoboys*, des *jobbers* et des mesureurs. Ils se souviennent des gens qui travaillaient avec eux. Ils n'ont rien oublié, non plus, des soirées dans les camps de bûcherons avec leurs complaintes et leurs contes.

Je recueille, j'enregistre, je vérifie et je classe. Leurs anecdotes viendront illustrer le documentaire que je veux présenter. Des statistiques et des photos accompagnent ces témoignages et brossent un tableau réaliste de cette grande organisation qui possédait ses règles et sa langue. Que signifient des expressions

En spectacle, Colette écrit une lettre pour un bûcheron.

telles que « la tempête des poches », « gruber la grand-côte », « faire un chemin de glace » ou « slusher la dump » ?

Olivier Beaudoin, mon grand-père, Blanche Bazinet, épouse du *jobber* bien connu Stanislas Beaudoin, ainsi que les draveurs Salomon Lépine et Gaspard Coutu livrent des témoignages inestimables.

Après deux années de recherche, en 1982, je propose une première conférence sur la vie dans les chantiers à l'Institut Esther-Blondin. J'invite mes parents comme personnes-ressources. Ils ont à répondre aux nombreuses questions des étudiantes. Nous encadrons la conférence de quelques pièces de musique traditionnelle. L'enthousiasme des jeunes et des enseignants a un effet déclencheur. J'entreprends alors la création du spectacle *La vie dans les chantiers d'autrefois* : du théâtre documentaire. Mes parents sont partie prenante de ce projet. Pendant des mois, chaque idée est pesée et discutée. Nous devons choisir l'information pertinente. Les qualités scéniques de Roger et

Ces gestes que Roger a faits des milliers de fois lui appartiennent.

Colette rendent possible un tel projet. Je les accompagne à la guitare pour les *reels* et les chansons. J'endosse le rôle du *shoboy* afin de présenter les parties documentaires. Je m'amuse à concevoir et à diriger la mise en scène. Un ami, Fernand Déry, diplômé de l'École nationale de théâtre, vient nous prêter main-forte. Ma sœur Nicole s'occupe de la régie, du diaporama et joue du piano. De 2001 à 2006, le musicien et chanteur Jean-Claude Mirandette se joindra à la famille Beaudoin.

Colette crée des sketchs, tels le vol des galettes, l'arrivée du Français et la lettre, qui deviendront des points forts du spectacle. Sa voix est solide. Elle chante et joue du violon. Elle réussit à dénicher les ustensiles et la vaisselle de chantier. Elle monte sa table. Comme une vraie *cook*, Colette pense même à offrir des galettes blanches après chaque représentation.

Roger s'avère être un conteur exceptionnel. Il bénéficie d'un charisme naturel. L'ancien bûcheron part à la recherche de photos pour compléter le diaporama. Chacune entraîne son lot d'anecdotes. Il joue de l'accordéon et chante une complainte. Pour le décor, Roger fabrique les meubles de la même manière qu'on lui a apprise dans les chantiers. Il lime, scie et corde sur la scène. Il s'amuse.

Nous nous produisons dans plusieurs villages de la région de Lanaudière, à Joliette et à L'Assomption. Nous donnons plus de quarante représentations un peu partout au Québec (annexe 1). Ces dernières nous ont permis d'ajouter un détail ici et là et de valider les informations. La réponse du public est incroyable. Les salles sont pleines. Des gens rient de bon cœur. Tous sont émus. Certains viennent nous voir plus de trois fois. Nous leur montrons une réalité qu'ils n'ont pas connue et que des livres ne peuvent leur révéler. Partout, les gens se reconnaissent ou reconnaissent les leurs : un père, un oncle, un grand-père. Ils découvrent surtout la fierté de ces hommes et de ces femmes que nous leur présentons.

À travers ces témoins et avec leurs mots, voici enfin le documentaire habité sur une page méconnue de notre histoire : *La vie dans les camps de bûcherons au temps de la pitoune.*

Le camp des hommes est construit juste à côté de la cookerie *en 1952 au Lac-des-Îles à Saint-Michel-des-Saints. L'hiver, on a fermé l'espace entre les deux pour protéger la nourriture contre les bêtes.*

Chapitre I

UN PEU D'HISTOIRE

Les premiers bûcherons

Afin de bien situer la période de la pitoune, il est essentiel de revisiter les différentes étapes de l'exploitation des forêts à travers l'histoire du Québec. La vie des bûcherons et leurs prouesses semblent avoir meublé l'imaginaire des Québécois depuis belle lurette. On croit que le commerce du bois a été, depuis toujours, un des moteurs de l'économie québécoise ou que les bûcherons étaient des surhommes. La réalité est tout autre.

Quelques années avant 1700, l'intendant Talon avait engagé une poignée d'hommes pour abattre les chênes et les pins majestueux de la vallée du Saint-Laurent. Les premiers « gars de chantier » travaillaient donc au service du roi de France. Robert-Lionel Séguin parle d'une centaine d'hommes, tout au plus[1]. Les chênes servaient à la construction des navires de la flotte française et les pins étaient destinés à la fabrication des mâts. D'ailleurs, dans son ouvrage *Le Canada français*, Jean Hamelin affirme : « Vers la fin du régime français, 80 000 habitants vivent au Québec. Le commerce de la fourrure compose plus de 70 % des exportations de la colonie vers la France[2]. » La prédominance du commerce de la fourrure sur celui du bois est clairement établie. Dans *Brève histoire du Québec*, Hamelin

1. Robert-Lionel Séguin, *Récits de forestiers*, Montréal, Presses de l'Université du Québec, 1976, p. VIII.

2. Jean Hamelin, *Le Canada français : son évolution historique, 1497-1967*, Trois-Rivières, Boréal Express ltée, 1967, p. 17.

et Provencher ajoutent que 75 % des Québécois vivent de l'agriculture[3]. Les forêts n'avaient pas révélé leur richesse.

Une deuxième période d'activité commerciale reliée aux forêts s'est développée quelques années après l'arrivée des Anglais en Nouvelle-France, soit au début du XIXe siècle. Arthur Buies, dans *L'Outaouais supérieur*[4], raconte que les Anglais, ne pouvant plus s'approvisionner en Europe septentrionale à cause des conflits, durent alors se tourner vers leur colonie d'Amérique. Le gouvernement britannique avait auparavant chargé le gouverneur Murray de l'évaluation de nos forêts. Les Anglais entreprirent donc la coupe du bois sur la rivière des Outaouais. Ils y avaient trouvé des chênes et des pins en assez grande quantité pour attirer des investisseurs. Les billots étaient transportés sur la rivière et sur le fleuve jusqu'à Québec, dans des cages appelées *rafts*. C'est ainsi qu'est apparu le nom *raftmen* pour désigner les travailleurs qui assuraient le transport des billots. La première cage est arrivée à Québec en 1806. De là, des bateaux apportaient le bois vers l'Angleterre. Dans le livre *Les « Cageux »*, Léon A. Robidoux avance les chiffres suivants : « À Québec, en cinq ans, le nombre de navires affectés au transport du bois passe de soixante-dix à six cent soixante et un[5]. » Enfin, le commerce du bois supplantait celui de la fourrure. Pendant un siècle, ils furent des milliers chaque année à bûcher sur la rivière des Outaouais. Malheureusement, la dernière cage arriva à Québec en 1911, soit après la disparition des pins et des chênes du paysage de l'Outaouais.

Les conditions de vie dans les camps de l'Outaouais étaient difficiles. Les *raftmen* vivaient loin des leurs. En plus de l'éloignement, le manque d'hygiène et la mauvaise nourriture

---

3. Jean Hamelin et Jean Provencher, *Brève histoire du Québec*, Montréal, Boréal, 2004, p. 31.

4. Arthur Buies, *L'Outaouais supérieur*, Québec, imprimé par C. Darveau, 1889, p. 66.

5. Léon A. Robidoux, *Les « Cageux »*, Montréal, Éditions de l'Aurore, 1974, p. 26.

semblaient être leur lot quotidien. Malgré tout, cette période a profondément marqué le folklore québécois. Ainsi, Vigneault a chanté *Jos Montferrand* qui, dit-on, aurait laissé une empreinte de botte au plafond d'un hôtel afin d'impressionner une jeune femme. D'autres chansons telles que *Mon canot,* popularisée par Les Cailloux, *Les voyageurs de la Gatineau,* chantée par Raoul Roy, et *Les Raftmen,* chant traditionnel, témoignent encore aujourd'hui de la vie de ces bûcherons (annexe 2). Toujours sur le même thème, l'écrivain Honoré Beaugrand a publié la très belle légende *La Chasse-Galerie.*

Les colons

Les hommes du Québec de cette époque savaient bien manier la hache sans être des bûcherons pour autant. Les premiers colons, établis sur les rives du Saint-Laurent, utilisaient le bois pour construire leurs maisons et leurs bâtiments. Le chauffage au bois était l'unique source de chaleur pour combattre la rudesse du climat. Au XIXe siècle, les *habitants* commencèrent à monter dans les terres. Les villages se multipliaient en Mauricie, dans les Laurentides et dans Lanaudière.

C'est dans ce mouvement de colonisation que, vers 1870, Antoine Leprohon s'établit sur un grand terrain en bordure de la rivière Noire, à quatre lieues (12 milles) de Saint-Jean-de-Matha (annexe 11.1). Il y construisit sa maison, des dépendances, un moulin à scie et ouvrit des chemins. Sainte-Émélie-de-l'Énergie allait devenir un village. Quelques colons vinrent s'y installer. Une dizaine d'années plus tard, ces *habitant*s jouissaient de deux moulins à farine et de nombreux moulins à scie, dont ceux de monsieur Jubinville. Leur bois y était transformé en bardeaux, en lattes, en planches et en madriers[6]. Les moulins à scie faisaient partie du paysage de chaque village, au

6. Théophile-Stanislas Provost, *La Bourse et la Vie*, Joliette, Imprimerie du Collège de Joliette, 1883, p. 48.

même titre que l'école et l'église. Les *habitants* bûchaient sur leur terre ou sur quelques lots privés. Le bois était un bien essentiel, sans toutefois faire l'objet d'un commerce organisé. Cependant, pas question pour eux de bûcher n'importe où !

Le gouvernement ne voulait surtout pas encourager les colons à exploiter les forêts, craignant, disait-on, une surexploitation. Celles-ci faisaient partie du domaine public et demeuraient l'entière propriété du gouvernement, sous l'appellation de « terres de la couronne ». Par contre, le gouvernement offrait des terres à des colons qui s'engageaient à les défricher et à les cultiver, et ce, jusqu'en Abitibi. Malheureusement, le sol était aride et la saison chaude, très courte. Plusieurs agriculteurs n'atteignaient pas de bons rendements. Selon Hamelin et Provencher, entre 1851 et 1901, 500 000 Québécois sont partis pour les États-Unis. La paroisse de Saint-Cuthbert a perdu le tiers de sa population[7]. Les colons n'avaient plus vraiment le choix.

En 1910, par exemple, Alexandre Beaudoin et sa femme, Célina Beaulieu, quittèrent le rang de la Seigneurie à Sainte-Émélie-de-l'Énergie pour aller s'établir à Lowell, au Massachusetts, avec leurs sept enfants. Ils s'étaient mariés en 1893. Alexandre était le frère de Joseph Beaudoin, le grand-père de Roger. Comme tant d'autres, il n'est jamais revenu vivre au Québec. Aujourd'hui, plusieurs de ses descendants vivent à Burlington, au Vermont.

Des cultivateurs pouvaient demander un droit de coupe sur les terres de la couronne pour construire ou réparer leurs bâtiments. Ils pouvaient, à l'occasion, vendre quelques surplus de bois à des voisins ou à un commerçant local. Le cultivateur Oscar Lépine avait ainsi obtenu un permis pour bûcher au lac Koël, à 4 km de Sainte-Émélie-de-l'Énergie.

Son camp était bien construit. La fenêtre était grande. Le papier goudronné noir avait été fixé sur les gaules avec des

7. Jean Hamelin et Jean Provencher, *Brève histoire du Québec*, Montréal, Boréal, 2004, p. 100.

Le bois était coupé en billots et gardé sur un roule*,*
visible à la droite du camp d'Oscar Lépine.

taquets en bois. D'une grandeur de 12 pieds par 14, ce camp était meublé de deux lits, d'un poêle à bois, de bancs et d'un lavabo. La meule était laissée sur le perron. Par grands froids, les hommes la rentraient pour affûter leur hache. Monsieur Lépine travaillait au bois avec ses deux fils, Jos et Jean-Paul. Les trois hommes coupaient en moyenne une centaine de billots par jour. Pendant l'hiver, il leur était possible de descendre au village régulièrement. Madame Lépine leur donnait alors une chaudronnée de ragoût, des fèves au lard et du lard salé, que les grands froids permettaient de conserver dans le petit garde-manger construit à l'extérieur. Au printemps, le bois était descendu par la rivière Noire jusqu'au moulin à scie de Philibert Belleville, un marchand de Sainte-Émélie-de-l'Énergie.

Les commerçants

Un commerçant local pouvait, lui aussi, demander des droits de coupe au gouvernement. Il engageait quelques hommes pour bûcher. Il voyait à leur ravitaillement. Parfois, il était la seule personne à les visiter durant l'hiver. Les gens gagnaient très peu. Leurs conditions dépendaient de la bonne volonté du commerçant. C'est dans l'un de ces petits camps que Sylvio Rondeau, Athanase Bazinet et sa femme Mélina avaient passé l'hiver avec le *jobber* Emmanuel Hénault et sa femme. C'était en 1928. Ils vivaient sous le même toit que leur cheval. Monsieur Bazinet, nous a-t-on dit, gardait l'avoine au pied de son lit. Le matin, par une ouverture découpée dans la cloison qui les séparait de l'écurie, il nourrissait son cheval sans sortir.

L'humble commerce du bois à Sainte-Émélie-de-l'Énergie reflétait bien ce qui se faisait à cette époque dans la région de Lanaudière et ailleurs au Québec. Les nombreux moulins à scie étaient destinés au commerce local. La vente du bois d'œuvre entre le Canada et les États-Unis restait un marché fragile et risqué. Plusieurs marchands ont dû fermer leur moulin à scie en raison de l'effondrement de la demande. D'autres commerçants, comme Édouard Gohier, ont réussi à diversifier leur marché et à bâtir une clientèle solide. Gohier avait acheté des droits de coupe détenus par Copping sur les terres de la couronne au nord de la région de Lanaudière. Installé à Joliette, il a ouvert un autre moulin à scie au lac à la Pluie qui a été en activité pendant une dizaine d'années. C'était en 1939. Roger se souvient d'avoir chargé un camion à la pelle afin de faire un chemin pour s'y rendre. Les gars avaient eu du travail pour quelques semaines. Les réserves de bois épuisées, le moulin a ensuite été déménagé au lac Vase et, finalement, au lac Gohier sur la route 131 à Sainte-Émélie-de-l'Énergie. Les *jobbers* Hector Frappier de Saint-Damien, Hervé Blais et Georges Bazinet de Sainte-Émélie-de-l'Énergie, Joseph Venne et monsieur Gagné de Saint-Côme, entre autres, ont travaillé pour ce commerçant important de Joliette.

Mélina et Athanase Bazinet, 1928. Le toit est rudimentaire. Il y a fort à parier qu'il pleuvait dans ce camp : les gaules étaient directement fixées sur le papier noir du toit.

Quelques marchands, dont quelques-uns dans les Laurentides, ont fait des affaires d'or en vendant du bois de chauffage dans les grandes villes comme Montréal ou Trois-Rivières. Il s'agissait souvent d'entreprises privées qui offraient des conditions de travail très variables. Toutefois, il n'était pas encore question d'exploitation de richesses naturelles à grande échelle.

Chapitre II

LES PAPETIÈRES

Les billots

Au début du XXe siècle, l'industrie forestière était quasi inexistante, même si 75 % de la superficie du Québec était couverte de forêts. L'épinette, que l'on trouvait en abondance dans la plupart des régions du Québec, représentait très peu pour les marchés européens. En novembre 1855, James W. Martin, alors à l'emploi du gouvernement, avait écrit dans *Description des cantons arpentés et des territoires explorés de la province de Québec,* en parlant du canton de Joliette et, dans ce passage, de Sainte-Émélie-de-l'Énergie : « Il existe dans ce canton des pouvoirs d'eau illimités, sur la rivière Noire, la rivière Leprohon et la rivière David dont, je ne doute pas, on retirera des grands avantages. Il y a très peu de bois marchand si ce n'est de l'épinette, qui est très abondante et généralement de forte pousse[1]. » Vers 1869, on avait pourtant découvert, à Valleyfield, un procédé qui permettait d'obtenir du papier à partir d'une pâte de bois mou[2]. On avait enfin besoin des épinettes trop longtemps ignorées.

Plusieurs papetières ouvrent donc leurs portes dans la province. En plus de leurs forêts de résineux, les régions de la Mauricie et du nord de Lanaudière offrent un réseau hydrographique incroyable qui permettra le transport du bois. La région

1. James-W. Martin, *Description des cantons*, Québec, novembre 1855, p. 258.

2. http://www.mrn.gouv.qc.ca/ministere/historique/index.jsp.

de Trois-Rivières attire la majorité des investisseurs. Le gouvernement de l'époque adopte une loi interdisant la vente du bois de pulpe aux États-Unis. Il protège des milliers d'emplois et oblige ainsi les investisseurs américains à s'établir chez nous. L'historien Robert Rumilly dresse une liste des compagnies en exploitation sur la rivière Saint-Maurice : la Laurentide Pulp Co. (1890), la Belgo Canadien Paper (1900), la Brown Corporation (1908), la Wayagamack Pulp & Paper Co. (1910), la Canadian International Pulp & Paper Co., mieux connue sous le nom de CIP (1919), la St-Maurice Pulp & Paper Co. (1920) et la St-Lawrence Pulp & Paper Co. (1921)[3]. Quelques années plus tard, le Canada devient le plus grand producteur de papier au monde.

C'était le début des camps reliés aux papetières. Les conditions de travail difficiles attiraient les plus courageux seulement. Marie-Louise Bélanger et Émery Prud'homme de Sainte-Émélie-de-l'Énergie sont montés aux chantiers pour le *jobber* Olivier Prud'homme. Mariés en juin 1914, ils partirent de Sainte-Émélie-de-l'Énergie au mois d'août avec deux chevaux, une voiture et des bagages pour l'hiver. Leur expérience ressemblait à celle de plusieurs travailleurs dans les chantiers du temps.

Le travail était organisé en équipes de cinq. Les bûcherons coupaient les arbres en longueur de 12 pieds avec un godendart, une longue scie munie de deux poignées perpendiculaires aux extrémités. Il fallait absolument deux hommes pour la manipuler. Le premier scieur, appelé *bûcheux* en tête, limait le godendart et faisait la *notch* avec sa hache, c'est-à-dire qu'il faisait une entaille qui allait orienter la chute de l'arbre de façon à faciliter le travail du *pileur* et de son cheval. Le *bûcheux* en tête et l'autre scieur abattaient l'arbre. Puis, le *claireur* enlevait toutes les branches et marquait l'arbre tous les 12 pieds (annexe 12) pour permettre aux deux scieurs de le couper.

---

3. Robert Rumilly, *Histoire de la province de Québec*, Montréal, Fides, 1958, p. 30.

Marie-Louise Bélanger, 1914. Une vitre simple, insérée entre deux billots, sert ici de fenêtre.

Le bûcheux *en tête aiguise la lame de son godendart. Les autres sont regroupés autour du feu pour le lunch. Les chevaux, plus loin, mangent leur avoine.*

La coupe des billots se faisait toujours au sol. Le *pileur* apportait ensuite les billots au *rouleur* qui les empilait pendant toute la journée. Ce dernier travaillait seul. Pour monter un arbre très lourd sur le haut du *roule,* il utilisait un «bonhomme». Pour ce, il découpait des entailles dans un billot comme s'il faisait un escalier et le déposait de travers sur le tas. Il montait ensuite l'arbre lentement d'une entaille à l'autre jusqu'en haut.

En 1916, Olivier Beaudoin, le père de Roger, était allé bûcher pour monsieur Philibert Prud'homme, pour la compagnie Laurentide. Avec d'autres *bûcheux,* ils avaient marché 20 milles au nord de Saint-Michel-des-Saints pour se rendre au Spring Crique (annexe 12). On exigeait d'eux 300 billots par jour pour une équipe de cinq. Si les hommes en faisaient plus, ils se gardaient bien de le dire, selon Olivier Beaudoin. Ils préféraient ainsi accumuler une réserve. S'il pleuvait, s'il y avait une tempête ou si l'abattage était plus difficile, les gars pouvaient quand même déclarer 300 billots pour leur journée.

Roule *de billots.*

Les salaires étaient bons. Le *bûcheux* en tête gagnait 175$ par mois. Olivier et les trois autres hommes touchaient un salaire mensuel de 160$.

L'abattage terminé, le *jobber* voyait au *charroyage* de tous ces billots sur un plan d'eau. La drave était le meilleur, voire l'unique, moyen pour transporter le bois coupé jusqu'aux papetières, étant donné qu'à l'époque, l'état des routes ne permettait pas l'utilisation de camions.

Les charretiers approchaient leur *sleigh* près du *roule*. Ils utilisaient deux *rances* pour monter plus facilement les billots dans le traîneau. Pour compléter leur *voyage*, les hommes «chargeaient à la ligne». Ils attachaient les billots avec deux câbles et les tiraient un à un vers le haut avec l'aide d'un cheval.

En 1935, au lac Scheller, tous les billots avaient été apportés sur le grand chemin (*tappanhouse*) en vue du *charroyage*. Le *roule* était souvent installé au bas d'une pente afin de faciliter le travail des charretiers. La *dump* était à environ cinq milles. Il avait été nécessaire de faire un chemin de glace pour aider les chevaux qui n'auraient pas réussi à tirer leur lourde charge sur des chemins enneigés. À cette époque, un cheval se vendait

Groupe d'hommes avec chevaux et sleighs *prêts pour le* charroyage.

Attelage simple au crique Scheller.

Ce cheval, surnommé le Diamond, avait coûté 250 $ à La Tuque. Il a parcouru cinq milles avec ce voyage *pour se rendre à la* dump.

environ 150 $ alors qu'un homme gagnait 26 $ par mois. Certains chevaux faisaient la fierté de leur propriétaire. Stanislas Beaudoin avait acheté une bête exceptionnelle, le Diamond. Il a donné six bonnes années de travail. Les hommes en prenaient grand soin. En 1942, le Diamond s'est fait ruer sur le train de retour à Saint-Félix-de-Valois. Il n'a pas survécu.

Quatre compagnies étaient alors en exploitation dans la région de Saint-Michel-des-Saints: Laurentide, Belgo, Wayagamack et St-Lawrence. En 1929, la crise les a forcées à cesser toutes leurs opérations. En Mauricie, quelques-unes d'entre elles ont poursuivi leurs activités, mais au ralenti. Les bûcherons, habitués à un revenu de plus de 150$, ne touchaient que 26$ par mois en moyenne, quand ils avaient la chance de travailler. Ailleurs, la situation était parfois pire. Les usines fermaient leurs portes. Sur les terres agricoles, des hommes travaillaient en échange de leur nourriture comme seul salaire. Le krach boursier freinait une industrie naissante et assombrissait la perspective de plusieurs emplois. Il faudra attendre quelques années avant la reprise des activités forestières.

Les pitounes

La demande de papier fait un bond vers la fin des années 1930. De nouveau, les papetières roulent à plein régime. On coupe le bois en longueur de 12 pieds encore pour quelques années avant de se tourner vers les billots d'une longueur de 4 pieds, appelés pitounes. Ces dernières sont beaucoup plus faciles à draver. Pendant une année ou deux, les papetières n'employaient pas l'écorce des pitounes. Il fallait donc les peler une à une. Partout, les bûcherons abandonnent définitivement le godendart et le remplacent par la sciotte (petite scie) de 4 pieds, moins lourde.

On avait besoin non seulement d'épinettes, mais de bras. Les jeunes hommes étaient nombreux à vouloir travailler. Par exemple, à Sainte-Émélie-de-l'Énergie, les huit garçons de Joseph Beaulieu montaient au bois pour l'hiver. Les *jobbers* étaient contents de les voir arriver. Ils avaient la réputation d'être de bons travaillants. Sur les terres plus productives du sud de la région, un père pouvait rester sur la ferme avec un de ses fils. Les autres allaient aux chantiers pour aider leur famille. Ils rapportaient beaucoup d'argent et revenaient sur la terre pendant l'été.

En 1940, au camp de Stanislas Beaudoin en Mauricie, au Chapeau-de-Paille: Omer Malenfant et Jos Morneau de Saint-Arsène, près de Rivière-du-Loup, Fred Chaussé de Saint-Côme, Sylva Lafond de Joliette, Paul Huard de Gaspé et les trois frères Dionne, des débardeurs de Montréal, ont été identifiés sur cette photo.

Pour les jeunes hommes, c'était aussi un moyen de gagner leur indépendance et le respect de tous. Ils avaient vu des voisins et des parents s'expatrier aux États-Unis, d'autres partir pour s'établir à la ville. Ces derniers avaient déserté les campagnes pour travailler dans les usines de textile, les industries chimiques ou métallurgiques. Les papetières offraient aux jeunes bûcherons de bonnes conditions de travail, et ce, dans leur région.

On venait de partout et pour des motifs différents. Chacun avait son histoire. Pendant ces années de guerre, quelques gars se cachaient aux chantiers pour éviter la conscription. D'autres, comme Roger Beaudoin, avaient réussi à se faire reconnaître comme employés essentiels dans les forêts. L'exemption, valable pour une période de six mois, était renouvelable. Certains hommes venaient de très loin pour décrocher un contrat en Mauricie. Roger a bûché avec des gars de la Gaspésie où le bois commençait à se faire plus rare.

Selon Statistique Canada, en 1941, on comptait 28898 bûcherons au Québec, et dix ans plus tard, 31732. En ajoutant les mesureurs et les contremaîtres, le nombre de travailleurs forestiers passait à 34547 (annexe 3). En 1944, plus de 1300 gars bûchaient dans le secteur de Saint-Michel-des-Saints. 8528 hommes et 1675 femmes trouvaient un emploi dans une usine de pâtes et papiers en 1951, tandis que 31732 hommes travaillaient toujours à la coupe du bois.

Des entrepreneurs tels que Jean J. Crête, John Murdock, Dupéré et Asselin, Thinkler et les frères Groleau représentaient les compagnies qui se partageaient les forêts québécoises. Ces entrepreneurs, appelés grands *contracteurs*, avaient plusieurs responsabilités. Ils assuraient l'entretien d'un réseau routier pour l'ensemble de leur territoire. Il leur revenait de réserver un camp pour les mesureurs d'une région donnée. Ils voyaient aussi à la construction du dépôt de marchandises de la compagnie. Cette dernière conservait le monopole de la vente de tous les produits nécessaires au fonctionnement du chantier : chevaux, outils, lames, vêtements, médicaments, huile à lampe, avoine, tabac, savon, papier et nourriture. Ce dépôt, appelé la *cache*, pouvait desservir une trentaine de camps installés autour. Finalement, le grand *contracteur* recrutait les petits *jobbers* qui allaient organiser et gérer tous les chantiers sur son territoire.

À Saint-Côme en 1941, le grand *contracteur* Thinkler avait construit sa *cache* au lac Lavigne (annexe 11.1). Il avait signé des contrats, au nom de la Consolidated Paper Corporation Ltd., avec 32 *jobbers*. Ces derniers voyaient à l'installation des camps et au recrutement des bûcherons. Sévérin St-Georges

Le jobber *Sévérin St-Georges et son épouse.*

était l'un d'eux. Il était toujours content d'engager les gars de Saint-Jean-de-Matha ou des alentours. L'ouvrage était rare dans la région, surtout l'hiver. Monsieur St-Georges était installé sur le Crique-des-Îles. Il monta au chantier avec sa femme Émilianna et deux de leurs enfants, Marcel et Colette, pour les aider. Cette dernière découvrait le monde de son père, celui des chantiers. Elle n'a pas oublié la plupart des *jobbers* (annexe 6) qui avaient signé un contrat pour la Consolidated Paper Corporation Ltd. cette année-là. Elle se souvient aussi de l'embauche d'un Français qui s'était présenté au camp. Il disait venir de Toulouse et cherchait du travail. L'homme n'avait jamais utilisé une sciotte, c'était évident. Monsieur St-Georges lui avait montré à bûcher et l'avait gardé pour l'hiver. Cet homme s'y connaissait en peinture. Le dimanche, il peignait des portraits comme Colette n'en avait encore jamais vu.

L'industrie forestière tenait ses promesses. La forêt était enfin reconnue comme une richesse naturelle importante. Les papetières ont définitivement changé le portrait économique des régions de la Mauricie et de Lanaudière. L'abbé Tessier écrivait dans le quotidien montréalais *Le Devoir* du 19 juillet 1943: « Nos forêts sont plus importantes que nos mines d'or. La mine est appelée à disparaître, la forêt peut indéfiniment se renouveler[4]. »

---

4. *Le Devoir*, Montréal, 19 juillet 1943.

Chapitre III

LA CONSTRUCTION DES CAMPS

Le *jobber*, contrat en poche, commençait par plaquer son territoire, c'est-à-dire le délimiter en marquant les arbres avec un *casse-tête* (une petite hache qu'il portait à sa ceinture). Il traçait ainsi une *trail* (un sentier) qui allait permettre aux hommes d'atteindre leur *rond de bois*. Le *jobber* choisissait ensuite l'emplacement pour la construction de ses camps, le plus près possible d'un lac, d'une rivière ou d'un *crique* pour faciliter l'approvisionnement en eau. En 1940, Sévérin St-Georges n'avait pas eu à le faire. Il s'était installé sur la rivière L'Assomption dans des camps qui avaient été utilisés l'année précédente. Il restait du bois en assez grande quantité dans la région. Une compagnie pouvait exploiter un même secteur jusqu'à trois années consécutives. En 1941, sur le Crique-des-Îles, Sévérin était monté avec une première équipe d'hommes pour construire ses camps. L'accès par la route était impossible. Un camion les avait laissés à la fourche du grand chemin. Tout le matériel avait été transporté dans un traîneau qu'on appelait *jumper*: la nourriture, un poêle pour la *cookerie,* des ustensiles, de la vaisselle, des couvertures de laine, des haches, des sciottes, quelques planches et des outils pour la forge.

La construction des camps respectait les mêmes normes d'une région à l'autre. Les hommes coupaient quelques arbres. Ils les choisissaient le plus possible égaux et droits. Ils devaient les ébrancher. Puis, ils montaient les quatre côtés en empilant les billots les uns sur les autres, et disposaient en alternance la

Exemple d'un toit bien fait. À remarquer aussi, les fenêtres plus nombreuses et plus grandes que dans les camps des années précédentes.

top (le faîte) et la *bot* (la base) de l'arbre. Ils construisaient leur camp de façon à obtenir un carré assez équilibré. À chaque coin, les hommes faisaient une entaille afin d'emboîter bien solidement les billots les uns sur les autres. On les empilait jusqu'à la hauteur voulue. Pour boucher toutes les ouvertures entre les billots, les gars utilisaient de la mousse recueillie dans la forêt. L'étoupe existait, mais coûtait trop cher. Ils devaient parfois ajouter un *rossignol,* c'est-à-dire une petite gaule qui permettait de boucher une ouverture trop grande entre deux billots quand la mousse ne suffisait pas.

Aux deux extrémités du camp, les hommes montaient des billots de façon à former deux triangles sur lesquels allait reposer le toit. Un *beam* (poutre de bois) traversait le camp sur toute la longueur en son centre. Les gars cordaient ensuite des petits billots de travers, collés les uns aux autres, en les appuyant sur le *beam* central. Ce premier toit était très peu pentu. Les billots un peu gros étaient refendus en deux pour obtenir ce qu'ils appelaient des *cales*. Puis, les gars recouvraient toute la surface du toit d'une épaisse couche de mousse recueillie dans la forêt. Ils étendaient ensuite un bon cinq à six pouces de terre (annexe 12) qui servait de couche isolante pour les froids d'hiver. Sans la mousse, la terre aurait glissé entre les fentes des billots. D'une année à l'autre, les *jobbers* amélioraient la construction de leurs camps. Ainsi, on commença, durant ces années, à construire un deuxième toit pour protéger l'isolation plutôt précaire du premier. Il fallait glisser deux autres pièces de bois, l'une sur l'autre, sur toute la longueur du camp, par-dessus le *beam* principal. Les hommes cordaient une deuxième rangée de petites gaules tous les 24 pouces. Ils complétaient la construction du toit en fixant un papier noir goudronné imperméable avec des taquets de bois de sapin équarris à la hache.

La *cookerie*

Comme il fallait nourrir la première équipe d'hommes appelés à travailler, on commençait toujours par monter la *cookerie*. Dès que les hommes avaient terminé, le *cook* pouvait arriver et commencer à cuisiner. La *cookerie* devait répondre aux besoins du *cook*. L'installation variait donc d'un camp à l'autre.

En 1941, il y avait deux grandes fenêtres à l'avant près du *sink* et deux autres sur les murs des côtés. Les vitres simples des anciens camps avaient été remplacées par des châssis permettant des fenêtres plus grandes. Monsieur St-Georges avait ajouté les châssis de son poulailler à ses bagages. Au printemps suivant, il avait bien pris soin de les rapporter à la maison. Les *jobbers* montaient aussi quelques planches pour les portes et les planchers. Pour des raisons d'économie, on réservait les planches pour les parties du plancher les plus utilisées. Sous les tables, on se contentait de *cales*, cordées côte à côte. Les hommes travaillaient toujours avec des haches pour équarrir et ajuster toutes les pièces de bois.

À l'automne, le bois de chauffage devant la cookerie *du Crique-des-Îles.*

Toujours au Crique-des-Îles, à gauche de la porte d'entrée, il y avait la *tub à eau* et une *dish*, c'est-à-dire un baril pour contenir l'eau potable et une tasse de métal pour boire. Le poêle à bois était installé au centre de la pièce. Pour nourrir 50 hommes, il en fallait même deux. Juste à côté du poêle, le *cook* demandait une table de service, recouverte de tôle ou d'une feuille de tuyau de poêle déroulée, pour pouvoir y glisser plus facilement les lourdes casseroles. Il fallait aussi des tables et des bancs. Une seule grande table à dîner pouvait suffire dans un petit camp. Dans un camp de plus de 40 hommes, certains *cooks* préféraient quatre tables. Sur le mur, il y avait un *sink* pour laver la vaisselle et, à côté, une table. Le *sink* était fait de planches brutes qu'il fallait nettoyer avec une brosse très solide. Un tuyau de bois, relié à un puisard creusé à l'extérieur, permettait l'évacuation des eaux usées. Un peu plus loin, on creusait un deuxième puisard, beaucoup plus grand. Une boîte munie d'un couvercle servait à y jeter les déchets de table; cette boîte n'était pas sans intérêt pour les ours à l'automne. Certains appelaient ce puisard la « moutonne ».

À côté du comptoir, il y avait la huche à pain et une autre table de travail pour pétrir le pain, rouler la pâte à tarte et préparer les repas. Des tablettes au mur et un autre comptoir servaient à ranger la nourriture: pâtes, riz, thé, raisins secs, gruau et pommes séchées. Les sacs de patates, de pois, de haricots secs, de farine Fleur de Lys, de cassonade, de sucre et le baril de mélasse, trop lourds à soulever, étaient déposés sur une estrade étroite. La plupart des ustensiles de cuisine étaient accrochés au mur. D'autres tablettes servaient à entreposer la *vanne*, c'est-à-dire le matériel provenant de la *cache*. Le *cook* gardait en réserve ce que les hommes demandaient le plus souvent comme des mitaines, des chaussons, des lames, des limes, du tabac et des *tatous* (doublures de feutre pour les bottes). Une porte donnait accès à un garde-manger non chauffé, à l'extérieur du camp, où l'on conservait la viande à l'abri des bêtes après l'arrivée des grands froids. Une cloison séparait la *cookerie* de la chambre du *cook*. Les murs étaient tapissés de papier gris utilisé en construction. Du tissu glissé sur une broche servait de porte. Un lit et quelques tablettes au mur constituaient l'unique mobilier. Le *cook* était prêt à passer l'hiver.

Le camp des hommes

Pour un contrat de 5000 cordes de bois, le *jobber* avait besoin d'une cinquantaine de bûcherons. Pour les loger, il était nécessaire de construire deux camps. En 1941, un seul camp pour les hommes avait suffi à monsieur Sévérin St-Georges pour loger la vingtaine de travailleurs qu'il avait engagés. La technique de construction était la même que pour la *cookerie*. En entrant, les hommes pouvaient boire de l'eau dans une *tub* avec une *dish*. Au centre, un poêle à bois rudimentaire, appelé «truie» ou «chienne», était l'unique source de chaleur. Il s'agissait en fait d'un *drum* couché sur le côté. Une porte fixée à une extrémité permettait de l'alimenter en bois de chauffage.

Quelques bûcherons préféraient étendre leurs vêtements à l'extérieur.

Un tuyau, fixé à l'autre extrémité, évacuait la fumée vers l'extérieur du camp. Quoique très simple comme fonctionnement, le réglage de la température provoquait certaines tensions pendant l'hiver. On n'aimait pas avoir froid. Par contre, trop de chaleur dérangeait ceux qui dormaient à l'étage supérieur des lits superposés.

Les gars dormaient quatre par lit, deux en bas et deux à l'étage supérieur. Premier arrivé, premier servi. Des gaules cordées les unes près des autres servaient de sommiers pour les lits. On les recouvrait de branches de sapin, les plus fines possible, pour assurer un meilleur confort. À la tête de chaque lit, une tablette permettait aux hommes de ranger leurs effets personnels : cadran, chapelet, sirop Lambert pour la toux, papier, cigarettes, crayon et tabac. Une broche tendue au pied du lit servait à faire sécher leurs serviettes et leurs bas de laine.

Une des caractéristiques de ces camps était l'utilisation de séchoirs suspendus, appelés *diables*. Ces derniers étaient fabriqués avec des branches disposées à l'horizontale et fixées à une gaule. Chaque homme pouvait avoir le sien. Tous les jours, les hommes devaient faire sécher leurs vêtements pour le lendemain : combinaisons de laine, tuques, mitaines, *tatous*, manteaux et salopettes de travail (*overalls*). Même par beau temps, ils revenaient très trempés après leur journée de travail. Quand ils faisaient la *notch* dans un arbre avant de l'abattre, toute la neige accumulée dans les branches leur tombait sur le dos. Le dimanche, quelques hommes faisaient leur lessive et utilisaient leur *diable*.

Au fond du camp, sur le mur, on installait un long *sink*. C'était un évier en bois dans lequel on plaçait des bols à mains pour la toilette des hommes, ceux qui se lavaient. Il n'y avait pas d'eau courante. Comme dans la *cookerie*, l'eau était évacuée à l'extérieur par un drain de bois. Pour faciliter le rasage, on accrochait des miroirs au mur. Finalement, les gars construisaient un muret entre le dortoir des hommes et les *sinks*.

Deux bûcherons devant la boutique de forge.

Les autres constructions

Le *jobber* voyait aussi à la construction d'une boutique de forge. Plusieurs d'entre eux engageaient un forgeron pour l'hiver. Monsieur St-Georges assumait lui-même les tâches de forgeron. S'il avait un cheval à ferrer, il savait le faire.

Le *jobber* faisait construire une écurie pour ses chevaux, une *shed à foin* et une *shed à bois*. Ces travaux terminés, il demandait ensuite aux hommes de couper du bois de chauffage. Tous devaient s'y mettre.

Il ne manquait plus que les *bécosses*. Il s'agissait de toilettes sèches d'une largeur de 6 pieds, qu'on éloignait du camp pour des raisons d'hygiène. À l'intérieur, deux rondins servaient de banc et d'appui.

Le bois de chauffage est prêt. Le petit camp derrière au loin était réservé aux mesureurs.

Quand le chantier était assez gros, le *jobber* faisait construire un dernier camp, le sien, qui lui servait aussi d'*office*. Monsieur St-Georges, lui, préférait vivre aux côtés de son épouse dans la *cookerie* où il tenait sa comptabilité.

Ces installations terminées, le *jobber* faisait venir tous les *bûcheux* qui attendaient le signal pour monter au bois. Ils arrivaient en groupe. Plusieurs d'entre eux se connaissaient. Les hommes étaient de bonne humeur. Il y avait un va-et-vient intense pendant quelques jours, se souvient Colette. Certains choisissaient leur cheval. Dans un coin, quelques hommes aiguisaient leur hache, d'autres limaient la lame de leur sciotte. La saison commençait.

Le jobber *Stanislas Beaudoin vivait à l'*office *avec son épouse et son fils.*

*À gauche, l'*office. *À droite, un camp pour les hommes et la* cookerie.
Entre les deux, une dépense pour la nourriture à l'abri des ours.

Chapitre IV

LA LANGUE DES BOIS

En plus d'apprendre les techniques du métier, les nouveaux bûcherons devaient s'approprier une toute nouvelle langue, la langue des chantiers. Les Québécois de cette époque parlaient un français truffé d'archaïsmes. Ils « jasaient », « chialaient », « achalaient », « bavassaient » et racontaient des « menteries » pour s'amuser. Ils avaient conservé des mots comme la « brunante » (tombée du jour), « blonde » (fiancée), « magané » (endommagé) et des « chaussées » (barrages) de castors. Ils avaient gardé des prononciations de l'ancien français, telles que « frette » et « icitte ». De plus, leur langue était métissée. Les premiers colons avaient adopté, en plus de quelques coutumes, des termes et des expressions propres au mode de vie des Autochtones. Ainsi, les Québécois avaient découvert le « ouaouaron » (grenouille géante), le « toboggan » (traîneau) et avaient chaussé des « mocassins » avec leurs raquettes pour trapper. Les termes religieux utilisés comme jurons trahissaient la forte présence de l'Église et caractérisaient le français de certaines régions.

Au chantier, les bûcherons découvraient l'anglais, la langue des compagnies. Pourtant, la plupart d'entre eux n'allaient jamais rencontrer un seul propriétaire ni représentant des grandes compagnies forestières. Ces dernières imposaient leurs règles, leurs prix et leur langue. La grande partie du matériel vendu au dépôt était identifié en anglais. Par exemple, tôt à l'automne quand il faisait froid, le gars demandait un coupe-vent. Le *jobber* revenait avec un *windbraker.* Les gars dormaient maintenant dans des *beds,* se lavaient dans des *sinks* et puisaient l'eau avec une *dish* dans une *tub à eau.* Le *cook* préparait ses *pancakes* avec de la *flour* (farine). Plusieurs termes étaient simplement empruntés à l'anglais, tels que *sleigh.* D'autres étaient dérivés de l'anglais, comme *jobber* ou « bécosses » pour *backhouse.*

Ci-dessous, l'extrait du spectacle de la famille Beaudoin, *La vie dans les chantiers d'autrefois,* illustre bien le langage des bûcherons.

> *Après le repas, Colette, à la* cookerie, *se lève et s'adresse à deux bûcherons :*
>
> « Il faut que je vous dise. Aujourd'hui, un Français, un grand slim, s'est présenté à la cookerie. Il venait de Toulouse. Il m'a demandé :
>
> — Puis-je parler au contremaître ?
>
> — Le jobber ? Il est parti avec le guidi pour gruber la grande côte au ras le tappanhouse. Le jumper ne passait plus.
>
> — Y'a rien compris, *dit-elle en riant.*
>
> — Si ç'avait été un gars du boutt', y'aurait ben compris, *ajouta Roger qui l'écoutait.* »

En d'autres mots, le patron était parti avec un préposé à l'entretien des chemins pour travailler dans la grande côte près du tas de bois sur le grand chemin. Le traîneau, qu'il utilisait pour aller au dépôt, ne pouvait plus passer.

Les gens se comprenaient dans tous les camps. C'était une langue qui se parlait haut et fort.

CHAPITRE V

LA JOURNÉE DU *COOK*

DÈS LA CONSTRUCTION de la *cookerie* achevée, le *cook* commençait à cuisiner. Habituellement, ce travail difficile était réservé aux hommes. Il arrivait que l'épouse ou les filles d'un *jobber* l'accompagnent et assument les fonctions du *cook*. C'est ce que faisait Émilianna, l'épouse de Sévérin St-Georges, aidée de sa fille Colette. Faire la *cookerie* était aussi une grosse responsabilité. Le *cook* devait limiter les dépenses reliées à la nourriture et, en même temps, satisfaire l'appétit des hommes. Le *jobber* tenait à garder ses bûcherons de bonne humeur et en forme. La réputation d'une bonne cuisine était importante. Le *jobber* qui avait un mauvais *cook*, un *bouilleux*, pouvait même avoir de la difficulté à recruter des hommes.

La journée du *cook* commençait à 4 h 45. Colette et sa mère devaient d'abord rallumer le feu dans les poêles pour réchauffer les *beans* qui avaient cuit à feu doux pendant la nuit et faire bouillir l'eau. Elles ébouillantaient ensuite le thé. La vaisselle était toujours sur les tables. Elles y apportaient le thé, les *beans*, le lard salé, les galettes à l'avoine, à la mélasse et les galettes blanches. L'une tranchait le pain et le fromage, tandis que l'autre faisait cuire le gruau d'avoine pour en faire de la soupane servie bien chaude. À 6 h, le déjeuner était prêt. Le *cook* sonnait le lunch avec un triangle en métal. Dans un camp plus petit, le *cook* sortait et criait simplement: « Lunch ! » Quelque 20 minutes plus tard, après un copieux déjeuner, les gars rapportaient leur assiette et préparaient leur lunch pour le

Émilianna lave les légumes à la rivière.

repas du midi. Le menu était toujours le même. Ils prenaient avec eux des tranches de lard, du pain, de la mélasse, des *beans*, des galettes et du thé. Il arrivait quelquefois que des gars reviennent manger au camp quand ils ne bûchaient pas trop loin. La plupart du temps, ils devaient marcher entre 40 et 45 minutes dans la forêt pour se rendre à leur *rond de bois*, ils n'avaient donc pas le temps de revenir. Après le départ des hommes, le *cook* nettoyait les tables et lavait la vaisselle pour la replacer immédiatement sur les tables.

Sur le Crique-des-Îles, monsieur St-Georges avait demandé à sa fille, Colette, d'apporter de la soupe aux hommes pour le lunch du midi. Elle partait, seule, tous les jours, avec une chaudière de soupe bien chaude. Elle n'a jamais oublié leur bonne humeur à son arrivée. Elle se souvient encore d'eux: Bruneau, Charbonneau, Généreux, Gilbert, Prud'homme et Laurentien. Un jour, les gars avaient changé de *rond de bois* et bûchaient plus loin. Son père avait alors demandé à Paul Prud'homme de la remplacer, l'heure du repas venue. Paul ne s'est pas rendu à la *cookerie*. Il est revenu vers les hommes en courant après un face à face avec un ours, qui mangeait des fourmis dans un vieux tronc d'arbre. Monsieur St-Georges a cessé le service de la soupe ce jour-là.

Tous les jours, il y avait aussi le pain à pétrir et à boulanger. De plus, il fallait mélanger la pâte à tarte. Émilianna et Colette faisaient une tarte par homme, par jour, en plus des galettes, des gâteaux et des poudings-chômeur. Elles devaient nettoyer les légumes, peler les pommes de terre et faire cuire les soupes. Avant les froids de l'hiver, il n'y avait aucune viande. On utilisait du lait en poudre. Le menu était donc assez limité: macaroni aux tomates, *beans*, gros lard (annexe 4). Le lard salé était conservé dans de gros barils. Il n'y avait pas d'œufs, du moins pas avant la fin des années 1940. Après, les *cooks* ont pu ajouter des « pancakes » à leur menu (annexe 5). Le *jobber* rapportait parfois du *baloné* de la *cache*. Avec l'arrivée des grands froids, on recevait les gros quartiers de bœuf et de porc frais qui devaient être découpés et souvent hachés avec un moulin à

Les hommes se dirigent vers la cookerie, *en 1940.*

viande. Émilianna et Colette avaient besoin d'aide pour transporter et dépecer ces pièces de viande. C'était vraiment trop lourd. Le *shoboy* du camp des hommes venait leur donner un coup de main à l'occasion. Elles cuisinaient ensuite des pâtés et des bouillis avec des patates, au grand plaisir des bûcherons.

Quand les gars revenaient du bois, le repas devait être prêt. Ils entraient affamés. Dans plusieurs camps, les *cooks* exigeaient le silence pendant le souper. On voulait éviter le « chialage » sur la journée et la nourriture. Aussi, les hommes mangeaient plus rapidement.

Un repas exceptionnel.

En principe, les hommes n'avaient le droit ni de pêcher ni de chasser. Un jour, deux hommes étaient allés reconduire des représentants de la compagnie en canot. En revenant, ils avaient sorti leurs cannes à pêche. Le seul accès au camp, cette année-là, était en canot. Le *cook*, Ernest Lapointe, ne s'était pas fait prier pour cuire les poissons. Tous les hommes avaient apprécié ce repas, pêché par Cyrille Prud'homme et Lionel Beaulieu.

Immédiatement après le souper, il fallait laver la vaisselle et les tables, faire bouillir les *beans,* qui avaient trempé, pour les faire cuire pendant la nuit. Il fallait aussi délayer le lait en poudre et préparer le levain pour le pain du lendemain. Le travail de la cuisine tirait à sa fin, mais la journée n'était pas terminée. Dans un petit camp, le *cook* tenait souvent la comptabilité. Colette enregistrait soigneusement dans le « ledger » les heures de travail des hommes et notait la *vanne* de chacun.

L'expérience de Colette

Les souvenirs de Colette St-Georges illustrent bien le vécu des gens impliqués dans la grande organisation des chantiers de cette époque. En 1937, Sévérin, son père, avait obtenu un premier contrat comme *jobber* à Saint-Côme. Colette avait alors 11 ans. Elle était montée au chantier pour quelques jours pendant le temps des Fêtes avec Gertrude, sa sœur aînée. Il n'y avait qu'une dizaine d'hommes, les autres étant retournés parmi les leurs. Gertrude devait remplacer leur mère à la *cookerie* pour le reste de la saison. Cette dernière voulait revenir à la maison s'occuper de son fils Gilles âgé d'un an seulement. L'aînée avait donc deux semaines pour se familiariser avec le travail qui l'attendait. Après l'échec d'une première fournée de pain, elle n'a jamais voulu rester. Émilianna a dû finir la *run*.

Colette se souvient avec plaisir de leur retour. Il était coutume, pour ceux qui passaient dans le village de Saint-Côme, d'arrêter chez madame Lachapelle, à l'emplacement du salon funéraire actuel. Elle tenait une maison de pension et était reconnue pour sa grande générosité et sa bonne table. Certains voyageurs y passaient la nuit. Monsieur St-Georges s'y était arrêté pour prendre un repas avec ses filles et laisser reposer ses chevaux. Ce soir-là, la salle était bondée de clients: *bûcheux*, mesureurs, inspecteurs et représentants de la compagnie. Sévérin avait sorti son violon, d'autres chantaient. Les histoires se suivaient. Des gens du village étaient venus les rejoindre pour la soirée. Saint-Côme a toujours été reconnu pour ses bons danseurs de gigues. Soudain, la musique s'était arrêtée. Un homme proposa le problème suivant: il fallait calculer le tiers et demi de deux. Certains hommes calculaient mentalement. Colette s'était amusée à chercher avec eux. Quelques minutes plus tard, au grand plaisir de son père, elle donna la bonne réponse. Puis, la musique avait repris de plus belle.

Colette a commencé à travailler comme aide à la *cookerie* en 1940. Elle avait 14 ans. Les St-Georges s'étaient rendus en

Colette, 15 ans, un dimanche après-midi.

camion à Saint-Côme avec monsieur Moïse Gravel de Saint-Jean-de-Matha. Colette n'avait jamais quitté la maison. Elle s'ennuyait de la présence joyeuse de ses frères et sœurs restés à Saint-Jean-de-Matha. Les journées étaient très longues. Plus question de danser le « truckin », très populaire dans ces années, avec sa sœur Pauline dans l'étable ou sur le pont couvert avec ses amies.

D'une année à l'autre, Colette retrouvait les travailleurs des camps voisins avec bonheur. Madame Clémence Gagné était *cook* elle aussi avec sa mère pour monsieur Beaudry. Colette se souvient qu'elle chantait bien. Madame Gabrielle Jeanson travaillait avec ses parents. De l'autre côté de la rivière, les petits-enfants de Théodore Riopel étaient engagés par leur grand-père. Les gens aimaient se rencontrer. Sévérin St-Georges était reconnu comme un bon « violoneux ». Les guitaristes Bertrand Marion de Saint-Côme et René Mirandette étaient venus au camp un dimanche pour faire de la musique avec lui. Ils avaient été invités à manger. Parfois, les hommes jouaient aux cartes. Le tabac était souvent l'enjeu des parties de « 500 » et de « Bluff ». Des allumettes étaient utilisées comme jetons. On ne jouait pas à l'argent.

Colette garde en mémoire un autre retour du chantier. La journée avait été bien longue. Les St-Georges avaient dû traverser le lac Drapeau à Saint-Côme. C'était en 1942. La glace craquait de partout. L'eau suivait la *sleigh* tirée par les chevaux. Colette avait peur. Son père avait gardé le silence pendant tout le trajet sur ce chemin de glace, mille fois emprunté au cours de l'hiver pour se rendre à la *cache*. La grosse couverture de laine sur ses épaules ne suffisait pas à la réchauffer. Elle avait froid. Avant d'arriver à Saint-Côme, ils avaient traversé un *ravage* de chevreuils, où les loups avaient abandonné quelques carcasses. À Sainte-Émélie-de-l'Énergie, au lieu de prendre le rang de la Feuille d'Érable, son père avait préféré faire le détour par le village de Saint-Jean-de-Matha pour se rendre à la maison afin d'éviter la grande côte à Alex. Les chevaux étaient trop fatigués. Les St-Georges étaient en route depuis 8 h le matin. C'était maintenant la nuit. Comme ils passaient sur la rue Sainte-Louise, une dame accrochait un crêpe noir, signe de deuil, à la porte des Comtois. Le lendemain, ils apprenaient que monsieur Comtois venait de mourir. C'était le 10 mars 1942.

En avant à gauche, la tub à eau *chaude. Le bois d'allumage est sous la table de travail qui servait à pétrir le pain et rouler les tartes. Colette avec sa mère et ses deux filles, Christiane et Raymonde.*

Sévérin St-Georges mourut accidentellement l'année suivante, le 7 août 1943. Son épouse, Émilianna, et Colette, sa fille, ont été appelées à travailler de nouveau ensemble comme *cooks* pour messieurs Stanislas Beaudoin et Zénon Charrette, à Saint-Michel-des-Saints, et Léo Beaudry, à Mont-Laurier. Colette a épousé Roger Beaudoin en juin 1946. Ils ont travaillé ensemble pendant quelques années. Ils ont amené leurs enfants avec eux à deux reprises: en 1953, Christiane et Raymonde, l'année suivante, leur jeune fils, Robert.

Roger, assis sur une garde, *lime sa lame de sciotte après le lunch du midi.*

Chapitre VI

ROGER, BÛCHERON

Certains les appelaient *raftmen, lumberjack* ou simplement bûcherons. Roger Beaudoin était un de ceux-là. En 1939, il fut engagé par Stanislas « Tanis » Beaudoin qui *jobbait* pour Jean J. Crête, surnommé le « Roi de la Mauricie ». Roger quitta Sainte-Émélie-de-l'Énergie en autobus pour se rendre à Joliette avec ses effets personnels dans une simple poche de jute comme bagage. En soirée, il prit le train pour La Tuque. Heure d'arrivée : deux heures dans la nuit. Il venait d'avoir 18 ans. Les bûcherons allaient généralement coucher chez Albert Lessard ou chez Johnny Gauthier, tout près de la gare. Pas question pour eux de dormir au chic Hôtel Windsor, réservé aux directeurs et aux employés de la compagnie. Roger, avec d'autres *bûcheux*, avait préféré l'Hôtel Champlain, tenu par une dame Fillion, un peu plus loin dans la ville. La compagnie payait l'hébergement aux hommes qui montaient aux chantiers ou en sortaient. Les bûcherons devaient toutefois payer leur nourriture. Après une courte nuit, Roger reprit l'autobus de la compagnie Consolidated Paper Corporation Ltd. en direction du Chapeau-de-Paille, à 62 milles (annexe 12) de La Tuque. Il faisait partie d'une première équipe d'hommes, une dizaine, affectée à la construction des camps. Du Chapeau-de-Paille, ils montèrent dans un camion avec deux chevaux, des tentes de toile, du foin et de la nourriture pour quelques jours (annexe 11.2).

Douze milles plus haut, un chaland attendait les bûcherons sur la rivière Vermillon. C'était la seule façon pour eux de se rendre où ils devaient établir leurs camps. Le chaland descendit sur la rivière et s'arrêta trois milles plus loin. Les gars débarquèrent sur la rive, dans les branches. C'est là qu'ils allaient passer l'hiver. Le dépaysement était total. Couché dans une tente de toile, Roger aurait donné cher pour rentrer à la maison paternelle du rang de la Feuille d'Érable, à Sainte-Émélie-de-l'Énergie.

Au réveil, il fallut défricher, abattre des arbres, les ébrancher et les apporter à l'endroit désigné pour monter le premier camp. La construction des camps achevée, le travail n'était pas terminé. Le *jobber* leur fit ouvrir un chemin de trois milles, une *trail,* pour atteindre la route carrossable, le *chemin de truck.* Les premières journées étaient bien longues pour le jeune apprenti. Les camps étaient nombreux dans ce secteur : un peu plus loin, ceux de Lucien Darveau et de la « masse à Bordeleau », dont Roger n'a jamais su le vrai nom.

Les années suivantes, Roger a continué de bûcher pour Stanislas Beaudoin, en Mauricie. De 1944 à 1947, il l'a suivi à Saint-Michel-des-Saints. Plusieurs papetières y avaient rouvert leurs chantiers, fermés depuis la crise. En 1947, Roger a bûché pour Donat Boisvert, à Saint-Michel-des-Saints et à Mont-Laurier pour Léo Beaudry, en 1948. Il est retourné travailler dans la région de Lanaudière pour Zénon Charrette en 1950 au lac Bois-Franc, pour Georges Bazinet en 1951 au lac Croche, pour Zénon Charrette en 1953 à la baie Sans-Bout du Lac-des-Îles et au camp chez Bernard Champagne en 1954. Après toutes ces années au bois, le *bûchage à la mitaine* et le *bûchage à la garde* n'avaient plus aucun secret pour lui.

Le *bûchage à la mitaine*

En 1939, au Chapeau-de-Paille, plus de 90 % de la coupe du bois se faisait « à la mitaine », c'est-à-dire avec une sciotte, un crochet et une hache. Ces forêts étaient appelées les « jardins de la province », et avec raison. Les arbres y étaient beaux,

Le travail « à la mitaine » en était un de solitaire.

autant les épinettes noires dans les savanes que les cyprès, appelés aussi pins gris. Roger en était à sa première année. Il *bûchait à la mitaine.* Il travaillait seul toute la journée et, la plupart du temps, sans cheval. Les *bûcheux* étaient souvent éloignés les uns des autres. Le midi, le bûcheron faisait un feu et réchauffait son thé et son lard. Après le lunch, il s'assoyait près du feu pour limer la lame de sa sciotte.

Le *bûcheux* dégageait d'abord un passage assez large qui lui servait d'espace de travail pour scier, couper et corder son bois. Il plaçait sa cordée au milieu. Il faisait une *notch* avant d'abattre l'arbre. Les arbres devaient être ébranchés et coupés en pitounes. La sciotte de 4 pieds servait ici d'instrument de mesure pour marquer et scier les pitounes. Les bûcherons devaient ajouter un pouce de plus à chacune. On leur disait que le transport abîmait le bois et que la compagnie essuyait des pertes. Quand l'arbre était très gros, le *bûcheux* en sciait la moitié seulement. Il devait ensuite le tourner pour en terminer la coupe.

L'abattage d'un arbre exigeait certaines précautions. Il était dangereux de compléter la coupe d'un arbre trop incliné. Ce dernier pouvait se briser avant d'être complètement coupé. Le tronc se fendait sur la longueur et amorçait un mouvement de recul. Il devenait alors impossible de savoir où allait tomber l'arbre. Le *bûcheux* venait de faire une *chaise de barbier.* Il était aussi important de *clairer* l'arbre pour lui donner de l'espace, en d'autres mots, d'enlever tous les arbustes autour. La présence d'un *chicot,* un petit arbre desséché, représentait une menace sérieuse. Anselme Breault, de Sainte-Émélie-de-l'Énergie, est mort en 1922. Il n'avait que 33 ans. Il venait d'abattre un arbre qui est tombé sur un *chicot.* Ce dernier, en se brisant, est revenu comme un fouet et l'a tué sur le coup.

Après le sciage, le *bûcheux* devait ramasser toutes les pitounes avec un crochet et les corder. Quand elles étaient très lourdes, le bûcheron les roulait jusqu'à la cordée de bois. Roger cordait tous les soirs avant de rentrer au camp, à cause de la neige qui pouvait tomber pendant la nuit.

Le bûcheron corde avec pour seul outil un crochet à pitoune dans la main.

Le *jobber* exigeait un minimum d'une corde et demie par jour pour le *bûchage à la mitaine*. Il n'aurait pas nourri un gars qui n'en bûchait qu'une. Il l'aurait *clairé*. Une corde devait mesurer 8 pieds de longueur par 4 pieds de hauteur (annexe 12). Une pitoune de 7 pouces de diamètre donnait environ 1 pied cube de bois et pesait entre 40 et 50 livres. D'un diamètre de 20 pouces, elle pouvait peser entre 300 et 350 livres.

Les hommes n'étaient payés que pour le bois mesuré par un mesureur. Au printemps, des inspecteurs de la compagnie vérifiaient si tout le bois coupé avait été ramassé. Dans le cas contraire, le *jobber* payait une amende pour chaque pitoune oubliée. Roger a déjà vu un *jobber* insouciant « manger sa *run* », c'est-à-dire perdre pratiquement tous les gains accumulés pendant l'hiver.

Les bûcherons ont utilisé un petit arbre à droite pour appuyer leur corde.

Les gars avaient l'habitude de tailler une petite gaule, d'une longueur de 4 pieds, bien visible sur la photo ci-dessus. Elle servait à mesurer de façon approximative leur corde. Ils l'utilisaient aussi comme support pour limer leur sciotte, dégeler leur tranche de lard ou réchauffer leur thé sur le feu à l'heure du lunch.

Avant d'être mesuré, tout le bois devait être étampé. Chaque compagnie possédait un symbole différent. La Consolidated Paper Corporation Ltd. faisait étamper tout son bois d'une croix gammée. Avec un outil qui ressemblait à un marteau, les hommes donnaient deux coups pour une pitoune de 7 pouces de diamètre, trois pour celles de 10 pouces, et cinq ou six pour les plus grosses.

Étampage un dimanche après-midi tout en placotant.

Le dimanche, les bûcherons ne travaillaient pas. Certains en profitaient pour se faire couper les cheveux et d'autres, pour placoter. Cette journée était, avant tout, réservée à l'étampage de leur bois. Ils avaient une belle occasion de se réunir après une semaine à bûcher seuls. Exceptionnellement, en semaine, s'ils entendaient dire que les mesureurs rôdaient dans le coin, ils étampaient rapidement. Les gars avaient toujours hâte de savoir le nombre de cordes qu'ils avaient accumulées.

Très travaillant, Roger peinait à faire deux cordes par jour la première année. Il avait, comme plusieurs jeunes de son âge, touché à une sciotte, mais pas beaucoup plus. Il avait fait du bois de chauffage avec son grand-père, Joseph, en 1934, pour le vendre à 0,75 $ le *cordon*, soit le quart d'une corde. Roger ne

Deux bûcherons avec leur étampe devant l'office.

Fier de lui et endimanché, Roger a fini d'étamper son bois.

savait pas vraiment bien affûter une lame de sciotte. Au cours de sa deuxième année dans les chantiers, un dimanche après-midi, un représentant de la compagnie Maple Leaf, Eucharisté Carignan, était passé par le camp. Ce dernier lui a montré à limer correctement. À partir de ce jour, Roger a toujours eu un bon outil. Limer était un art. Un bon limage, une garantie de succès! Encore aujourd'hui, on vient de loin pour lui demander d'aiguiser une lame de sciotte ou de godendart. À 91 ans, Roger a toujours un bon œil.

En 1941, Roger travaillait au Chapeau-de-Paille pour une troisième année. À la surprise de tous, les gars avaient terminé de bûcher les arbres de leur territoire à la Toussaint, soit au début novembre. L'ouvrage manquait. Roger et quelques hommes ont préféré partir en vitesse donner leur nom dans des chantiers avoisinants, un peu plus au nord. Roger est donc allé travailler pour le *jobber* Edmond Grandbois, sous contrat avec les frères Arthur et Josaphat Groleau, qui exploitaient à Casey, au lac Dawn. Peu importe que ce départ fût justifié, Tanis Beaudoin les avait avertis. Roger et Viateur Robillard étaient partis prématurément. Le *jobber* leur donna seulement 2,35 $ la corde, au lieu des 2,40 $ prévus. La colère des deux *bûcheux* ne l'avait pas fait fléchir. Les *jobbers* n'étaient pas tous aussi serrés.

Le *bûchage à la garde*

À l'hiver de 1942-1943, Roger était revenu travailler pour Tanis Beaudoin, de l'autre côté du lac Causacouta, toujours dans le secteur du Chapeau-de-Paille. Les hommes avaient dû portager tout le matériel du camp en barge pour traverser le lac. Cette année-là, Roger a *bûché à la garde* pendant tout l'hiver avec Hector Bazinet et Arthur Thériault. Le *bûchage à la garde* se faisait en équipe. La *garde* était en réalité un arbre couché au sol sur lequel on déposait des billots de travers, appelés *rances*. Cette installation leur permettait de tirer vers eux les arbres abattus pour en faciliter la coupe en pitounes.

Deux scieurs sont derrière la garde *et se préparent à faire leur coupe.*

Le travail d'équipe avait fait ses preuves dans la coupe de billots. Les premières équipes qui ont *bûché à la garde* étaient composées de cinq gars. Deux *bûcheux* abattaient les arbres. Le charretier (*pileur*) apportait le bois avec le cheval aux deux scieurs qui, après la coupe, devaient corder les pitounes. Cinq hommes coupaient en moyenne cinq cordes par jour. Par contre, le travail à cinq occasionnait parfois des frictions. Avec l'avènement de la pitoune, plus facile à manier, on s'est vite rendu compte qu'il était plus avantageux de limiter les équipes à trois hommes. Quoique moins nombreux, les gars réussissaient toujours à abattre cinq cordes par jour. Un gars bûchait. Un deuxième, le charretier, travaillait avec un cheval et apportait le bois au scieur, installé sur la *garde*. Si le bois était trop branchu, le charretier aidait le *bûcheux*. Quand c'était du beau

Le bois cordé et étampé était ensuite mesuré. Puis, les hommes le relançaient juste à côté sur le crique qui allait être dravé.

Un espace est laissé entre chaque corde pour permettre aux mesureurs de passer.

bois, il pouvait donner un coup de main au scieur, en l'aidant à corder. Leurs salaires étaient alors bien meilleurs.

Quand une compagnie exploitait pour une deuxième année un même secteur, les meilleurs *ronds de bois* étaient disparus. On privilégiait alors le *bûchage à la garde*. Cette façon de faire donnait accès à des terrains accidentés ou éloignés. Par exemple, il aurait été risqué de descendre du haut d'un cap avec des chevaux. Roger et les deux frères Laurent et Roméo Beaulieu ont travaillé sur une *garde* en haut d'un ravin. Sur une photo précédente, on voit le bois qui a été lancé et cordé en bas de la côte avant d'être mesuré. Ils avaient ainsi évité un long détour pour se rendre à la *dump*.

Le travail *à la garde* était aussi rentable sur le bord d'un ruisseau qui allait être dravé. Le *jobber* évitait ainsi une partie du *charroyage*. Une simple pièce de bois retenait les cordes de pitounes et, au printemps, il ne restait qu'à les laisser tomber à l'eau.

Roger a même travaillé sur une *garde* à deux avec Valbert Robillard. Roger abattait, seul, l'arbre et l'attachait avec une chaîne au *bacul* du cheval, qui l'apportait au scieur sur la *garde*. Celui-ci retournait ensuite le cheval. Avec une bête qui « voyageait » bien, les hommes faisaient tout près de cinq cordes par jour. C'était vraiment payant. Ils prenaient bien soin de leur cheval et ne devaient jamais monter le ton envers ce dernier. Quand l'arbre était trop lourd, le cheval pouvait s'accrocher ou avoir de la difficulté à avancer. Plus d'une fois, Roger avait aidé son cheval qui montrait des signes de fatigue : en poussant le billot, en enlevant quelques branches qui l'empêchaient d'avancer ou en l'encourageant. Il le récompensait ensuite avec des galettes à l'avoine ou des morceaux de sucre.

Roger se souvient encore d'un dimanche de septembre 1945. Il était parti avec Jean Durand et Sylvio Rondeau, avec qui il travaillait *à la garde*. Les gars voulaient « marcher » leur nouveau *rond de bois*. En d'autres mots, ils voulaient voir si Stanislas Beaudoin leur avait attribué du beau bois. Le *jobber* leur avait parlé d'un *crique* et d'un lac avec des *chaussées de*

Bûchage à la garde*: pour bien retenir l'arbre à couper, le bûcheron a taillé des encoches dans les billots par terre.*

castors. Ils en virent au moins trois. Sur le haut de la montagne, les hommes crurent apercevoir leur camp. Sûrs d'eux, ils repartirent dans cette direction. Ils ne connaissaient pas encore ce territoire. En réalité, ils marchaient vers le lac Supérieur, à Saint-Alexis-des-Monts. Le camp aperçu appartenait à un Geoffroy, cinq milles plus au nord. La noirceur les rattrapa rapidement. Aucun doute, ils étaient perdus. Ils cherchèrent alors un coin pour se mettre à l'abri pour la nuit. Les gars avaient leur hache. Ils coupèrent quelques branches de sapin pour faire des paillasses. Ils allumèrent un feu. Chacun y alla d'une histoire. Tous crurent qu'ils dormiraient… Puis, la peur

Camp de 60 hommes à Saint-Michel-des-Saints sur le crique Brûlé, devant l'office du jobber. *Au centre, on aperçoit le camp des mesureurs et, à droite, la boutique de forge.*

s'installa sournoisement en eux. Ils étaient étendus depuis quelques minutes quand un bruit les fit sursauter. Un des gars sortit alors son chapelet et commença la prière. S'ils s'en tiraient, un deuxième fit la promesse qu'il passerait une année sans prendre d'alcool. Les braves hommes comprirent trop tard qu'il s'agissait d'un petit écureuil. Très tôt le lendemain matin, s'orientant grâce au soleil levant, les trois bûcherons reprirent leur route. Ils arrivèrent finalement au camp vers quatorze heures. Plus de vingt-cinq gars étaient à leur recherche depuis le matin.

En 1943-1944, Roger travaillait encore *à la garde* avec Valbert Robillard et Lucien Beaulieu, au lac Catin. Exceptionnellement, les hommes étaient montés au camp de Lucien Crète dès juillet et n'en étaient ressortis que le 17 mars. Après une quatrième année d'exploitation dans ce secteur, le *jobber* Tanis Beaudoin avait réussi, malgré tout, à faire couper 10000 cordes de bois. Ces chiffres illustrent la richesse des forêts de la région. Après une vingtaine d'années à travailler dur dans ces forêts, Roger en garde toujours un très bon souvenir.

Chapitre VII

LES AUTRES TRAVAILLEURS

Le *shoboy*

Dans presque tous les chantiers, les *jobbers* engageaient un *shoboy*, parfois deux. Il agissait comme homme à tout faire. Il était responsable de l'éclairage, de l'approvisionnement en eau, de l'entretien et du chauffage des camps. Il coupait le bois de chauffage, le fendait et déneigeait les entrées. Parfois, le *shoboy* donnait un coup de main au *cook*. Le *jobber* l'amenait faire les *commissions* à la *cache*. Il travaillait sept jours par semaine et était payé à la journée. On le voyait partout. On l'entendait crier le matin, à 6 h : « Lève ! », puis à l'heure des repas : « Lunch ! » Le soir, avant d'éteindre le fanal, à 21 h, les hommes l'entendaient dire : « Cinq minutes pour la pisse. » Tous le connaissaient, et il connaissait tout le monde.

Les *guidis*

Dans tous les camps, on retrouvait des *guidis* ou *tiguidis*. Souvent, ils avaient passé l'âge de bûcher. Ces travailleurs étaient eux aussi payés à la journée. Ils étaient responsables de l'entretien des chemins. On ne parle pas ici de chemins pour le transport par camions, mais bien de routes qui permettaient aux chevaux de passer avec une *sleigh*, un traîneau qui servait au transport du bois. Leur travail était essentiel. Roger a bien connu les *guidis* Sylva Lafond de Joliette et, de Sainte-Béatrix, Théodore Beaudry dont la réputation d'encanteur dépassait la région.

Au lac Catin, en 1943, le shoboy *revient avec du bois de chauffage.*

Dans une grande côte qui descendait de biais, les *voyages* de pitounes auraient versé sur le côté. Les *guidis* installaient donc un grand *stringer* sur le côté de la route. Ils cordaient ensuite des *skids*, des billots, de travers sur le grand *stringer*, afin d'égaliser la route. Ils terminaient leurs travaux en *grubant* de la terre pour recouvrir le tout. Les chevaux pouvaient alors passer et les *sleighs* n'allaient pas se renverser. Une *grub* était une large pioche avec laquelle ils pouvaient enlever des souches, couper des racines et ramener de la terre. Le *jobber* gardait ses *guidis* au camp pour la période du *charroyage*.

Les mesureurs

Les mesureurs ou « scaleurs », eux, étaient employés par la compagnie. Leurs salaires, leurs dépenses et leur logement relevaient strictement de cette dernière. Le *jobber* n'était pas tenu de

Le guidi *au camp d'André Loyer, au crique du lac Ignace, à Saint-Michel-des-Saints, en 1945.*

les loger. Il arrivait que des mesureurs installent eux-mêmes leur camp sur le territoire d'un *jobber.* Ils choisissaient un endroit pour être à proximité de deux ou trois autres chantiers.

Dans les premières années, le bois était mesuré au pied cube apparent. La corde devait mesurer 128 pieds cubes apparents. Des bûcherons ambitieux ont vite compris qu'ils gonflaient leur volume de bois et recevaient un meilleur salaire en laissant des trous entre les pitounes. Les mesureurs n'ont pas tardé à réagir. Ils ont utilisé des tables de toisage. Chaque pitoune était mesurée, longueur et diamètre. Les *bûcheux* ont alors commencé à corder tous les gros bouts sur le même côté. La corde semblait plus grosse et leur paye augmentait. Le *jobber* consciencieux avertissait ses hommes d'être le plus juste possible et de ne pas déjouer ainsi les mesureurs. Il se créait régulièrement des tours de passe-passe entre *jobbers*, mesureurs et bûcherons.

Le mesureur est à genoux. Il donnait les mesures de chaque pitoune à son assistant. Ce dernier « talait », en réalité, il faisait des séries de traits pour les différentes grosseurs de pitoune. L'autre enlevait la neige avec un balai. Le soir venu, le mesureur remettait une copie du mesurage aux bûcherons.

Les inspecteurs

Parfois, la compagnie devait surveiller des ententes entre certains *jobbers* et le mesureur qui la représentait. Elle envoyait alors ses inspecteurs. Ces derniers voyaient aussi à ce que la construction des camps respecte les normes d'hygiène recommandées par le gouvernement. Ces représentants, que Sévérin St-Georges appelait les « mangeux de profits », venaient régulièrement au camp pendant l'hiver. Ils s'assuraient que les bûcherons avaient coupé tous les sapins de plus de 7 pouces de diamètre et les épinettes de 10 pouces et plus. Les têtes d'arbres que l'on mettait de côté ne devaient pas mesurer plus de 3 pouces de diamètre. Les inspecteurs vérifiaient aussi si tout le bois avait été bien ramassé après le *charroyage,* autant en forêt que sur le bord des chemins. Il ne devait y avoir aucun gaspillage.

Il n'est pas certain que le mesureur ait apprécié cet exploit. Les gars avaient sûrement profité d'un cap de roche derrière pour monter leur bois sur la cordée.

Groupes d'hommes au lac Catin près du dépôt Chapeau-de-Paille.

Chapitre VIII

LES SALAIRES

Tous les *guidis*, les *shoboys*, les forgerons, les *cooks* et les bûcherons recevaient leur salaire à la fin de la *run*. Le *jobber* aussi. Celui-ci était payé par la compagnie, et comme elle l'entendait. À Saint-Michel-des-Saints, en 1944, le grand *contracteur* John Murdock avait octroyé 5000 cordes à Stanislas Beaudoin. Selon Blanche Bazinet, son épouse, la compagnie lui aurait déjà donné 12$ la corde, montant duquel il devait déduire toutes ses dépenses. Le *jobber* calculait un minimum d'une corde par jour par homme, en tenant compte des conditions météorologiques et des accidents. Il estimait les salaires à verser aux hommes et les coûts reliés à la construction des camps, à la nourriture, à l'entretien des chemins, au *charroyage*, au travail de la forge et à tout le matériel nécessaire. Le *jobber* Sévérin St-Georges savait à peine lire et écrire, comme bien d'autres à cette époque. Pourtant, il calculait sans se tromper le nombre d'hommes qu'il devait engager. Quand il faisait vérifier ses factures et ses comptes à la fin de la saison par sa femme ou sa fille, il ne s'était jamais trompé.

À Saint-Côme, la plupart des bûcherons travaillaient à la journée. En 1938, monsieur St-Georges offrait aux bûcherons un salaire fixe de 26$ par mois pour 26 jours de travail. Les hommes étaient logés et bien nourris. Ce salaire était net. Les gars étaient très contents. Les *jobbers* suivaient les directives de la compagnie. Après 1940, ils offraient 45$ par mois, toujours logés et nourris. Toutefois, certains bûcherons préféraient être payés à la *job*, soit au nombre de cordes qu'ils avaient coupées. Au Chapeau-de-Paille, en 1940, Roger touchait 2,05 $ la corde. Avec une moyenne de deux cordes par jour, il faisait plus de 100 $ par mois. Il n'aurait jamais gagné un salaire semblable ailleurs comme journalier. Avec un beau *rond de bois*, les plus expérimentés faisaient jusqu'à trois cordes par jour. En couper quatre en une journée relevait d'un exploit digne d'être souligné.

Il arrivait qu'un *bûcheux* ne revienne pas après les Fêtes à cause de raisons personnelles. Exceptionnellement, d'autres arrêtaient encore plus tôt. Bûcher en septembre et octobre était une chose. Dès les premières neiges, le travail était beaucoup plus difficile, trop pour certains. Les jeunes bûcherons, qui n'avaient pas d'obligations familiales importantes, *jumpaient*, c'est-à-dire qu'ils démissionnaient. Les hommes parlaient alors de la « tempête des poches », faisant référence à ces derniers qui quittaient le camp avec leurs effets personnels dans un sac de jute.

Au printemps, les travailleurs recevaient une feuille de temps indiquant le salaire qui leur revenait. Ils allaient ensuite au dépôt se faire *settler*, c'est-à-dire qu'ils rencontraient le représentant de la compagnie, qui vérifiait l'état des comptes de chacun. On notait tous les jours travaillés et les absences dues à la maladie ou au mauvais temps. La plupart des hommes descendaient dans leur famille pour Noël. En 1939, au Chapeau-de-Paille, huit hommes sur quarante avaient préféré continuer de bûcher pendant le congé des Fêtes. On déduisait ensuite les frais de pension pour ceux qui travaillaient à la *job*. Ainsi, Roger devait payer vingt cents par repas, soit soixante cents par jour. Il faut savoir que chaque homme avait un compte ouvert à son nom et le matériel qu'il avait réclamé au cours de la saison y était inscrit. La sciotte se vendait 1 $ et les lames, 0,85 $ chacune. En 1941, Roger payait ses bottes 10 $. Les *cashorders*, c'est-à-dire les avances de fonds, étaient également consignés. Certains bûcherons envoyaient de l'argent par la poste à leur femme ou à leurs parents au cours de l'hiver. Le *jobber* jetait toujours un œil sur ces paiements anticipés. Le montant avancé ne devait jamais dépasser le salaire gagné. Au cours des années 1940, les travailleurs forestiers ont commencé à payer des impôts et des prestations pour l'assurance-chômage. Les bûcherons pouvaient recevoir une partie de leur salaire aux Fêtes et l'autre au printemps. Sur le chemin du retour, certains en profitaient pour boire un coup. Ils gaspillaient en quelques jours tout ce qu'ils avaient gagné pendant l'hiver.

À l'été 1940, Roger a travaillé à l'usine de munitions de Saint-Paul-l'Ermite (Repentigny). Les salaires étaient attirants. Certains bûcherons avaient laissé le bois. Roger avait préféré revenir au chantier à l'automne où il gagnait un bien meilleur salaire en bûchant à la *job*. En 1945, Roger n'était jamais descendu et n'avait réclamé aucune avance de fonds pendant l'hiver. En sortant, au dépôt Bouteille[1], il se souvient que jamais la compagnie Consolidated Paper Corporation Ltd. n'avait remis un chèque aussi gros à un bûcheron. Loin d'être un surhomme, Roger avait profité d'une saison très longue.

Colette se souvient bien de Julien, un jeune *shoboy* de 14 ans, qui en était à son premier emploi. Il avait été engagé pour la *cookerie*. Julien était travaillant, très travaillant. Pendant tout l'hiver, il n'avait jamais reculé devant les tâches à accomplir. Au printemps, le *jobber* lui tendit sa feuille de temps. Il lui manquait plusieurs journées. Julien demanda des explications. Le *jobber* lui répondit qu'il avait décidé de ne pas le payer le dimanche, puisque c'était le jour du Seigneur. Colette n'a pas oublié. Un *jobber* aurait vite perdu sa réputation s'il avait agi ainsi avec les bûcherons.

En 1946, Colette gagnait 2$ par jour, soit 60$ par mois, à travailler seize heures par jour, sept jours par semaine. Les salaires augmentaient rapidement. En 1953, à la *cookerie* chez Zénon Charrette, Colette recevait 180$ par mois, logée, nourrie et avec ses deux enfants en bas âge. Elle était montée à la mi-septembre. Elle est revenue avec 780$ en mars. La même année, Roger avait touché 1900$ pour l'hiver. Roger et Colette

1. Note de l'éditeur : il s'agit de la cache du lac Bouteille.

étaient bien contents. Ils projetaient la construction de leur maison dans laquelle ils vivent encore aujourd'hui à Sainte-Émélie-de-l'Énergie.

Les breeches, *achetés au dépôt de J.J. Crète et importés d'Angleterre, faisaient la fierté du jeune bûcheron.*

En 1954, au camp chez Zénon Charrette, à 12 milles de Saint-Michel-des-Saints, le camp était accessible par une route. La plupart des bûcherons descendaient au village le dimanche. Colette pouvait passer du temps avec ses enfants.

Ensemble de camps au crique Brûlé, dépôt Bouteille, 1946.

Chapitre IX

LE *CHARROYAGE*

Quand tout le bois était coupé, pour plusieurs bûcherons, la *run* était terminée. Le *jobber* devait alors s'occuper du *charroyage* à temps plein. Ce travail consistait à apporter toutes les pitounes sur une *dump* prévue à cet effet, habituellement sur un lac ou un cours d'eau assez large pour être dravé. Dans un gros camp, le *jobber* pouvait garder une vingtaine d'hommes comme charretiers. Tout dépendait de la distance à parcourir pour se rendre à la *dump.* Pendant vingt ans, Roger est toujours resté au bois pour le *charroyage.*

Dès l'automne, certains *jobbers* avaient retenu les services d'un forgeron pour ferrer les chevaux et réparer les outils. Celui-ci avait déjà vérifié et réparé les *sleighs,* les *racks à pitounes* et les *bonques* avec les *catins.* Dans quelques camps, il pouvait y avoir, quoique très rarement, un responsable de l'écurie. De plus, le *jobber* gardait quelques *guidis* et cinq ou six *helpers* pour aider les charretiers.

Une dizaine de bêtes pouvaient suffire quand le chantier était près du plan d'eau. Dans le cas contraire, certains *jobbers* devaient doubler leur quantité de chevaux. Ils choisissaient comme charretiers des hommes dignes de confiance. Ces derniers étaient responsables de leur bête. Le *jobber* n'aurait pas aimé qu'un charretier se présente au déjeuner sans être d'abord passé par l'écurie.

Quand le bois bûché était vraiment près de la *dump,* quelques gars commençaient à charroyer avant les Fêtes. Ils

En 1940, Tanis avait dû acheter huit nouveaux chevaux.

faisaient des petits *voyages* de bois avec le *jumper*. Le vrai *charroyage* débutait quand la glace était assez solide, en janvier et février. Le dégel de mars rendait risqué le transport par *sleighs* sur la glace.

Pendant son court séjour au chantier, en 1937, Colette n'a pas oublié le sauvetage d'une jument. C'était en décembre. La glace, encore trop mince, avait cédé. L'attelage avait calé avec un *voyage* de pitounes entraînant la jument dans les eaux glacées. Monsieur Thériault, un *jobber* voisin, avait déjà perdu une jument dans un lac. Les hommes de monsieur St-Georges avaient dû agir rapidement. Ils ne voulaient surtout pas perdre un cheval. Éclairés par de simples fanaux à l'huile, ils avaient réussi à sauver la bête en la tirant avec des câbles.

Pour assurer un *charroyage* sécuritaire, les hommes devaient d'abord *slusher la dump* pour durcir la glace. Pour ce faire, ils attachaient un billot derrière un cheval qui, en tournant en rond, tapait la neige mouillée et durcissait la glace.

Dump *sur le lac Catin. Tout a été bûché.*
Seuls les petits arbres ont été épargnés.

La longueur des *racks* variait en fonction des besoins. Un *rack* avait habituellement une longueur de 14 pieds et reposait sur deux *sleighs* pour du *charroyage* proche. Une pièce mobile fixée à l'avant permettait les virages. D'autres mesuraient jusqu'à 24 et 26 pieds de long (annexe 12). Les hommes pouvaient alors charger jusqu'à cinq cordes de pitounes par *sleigh*, pour un seul cheval.

En 1943, au lac Catin, les charretiers ne faisaient que cinq *voyages* par jour parce que la *dump* était vraiment loin. Il avait donc fallu faire un chemin de glace. Les chevaux auraient eu trop de difficulté à avancer sur des chemins enneigés avec leur lourde charge. Habituellement, les hommes transportaient trois cordes par *voyage*. Si la glace était bien lisse et glissante, les hommes pouvaient en mettre beaucoup plus.

Les hommes utilisaient une *tank* en bois de 12 pieds de longueur, 6 pieds de largeur et 6 pieds de hauteur, tirée par deux chevaux, pour arroser le chemin et le glacer. Pour remplir

Roger sur un rack *de 24 pieds de longueur pour un* « charroyage *loin* ».

Ce voyage *de sept cordes de pitounes a été possible dans des conditions idéales. Le* rack *mesurait 24 pieds de longueur. C'était au camp de Léo Beaudry, qui* jobbait *pour la compagnie McLaren, en haut de Mont-Laurier.*

Un gars remplit la tank *pour glacer le chemin.*

ce réservoir, les gars laissaient descendre dans le lac un gros baril de 45 gallons (202 litres) accroché par un câble. Grâce à un système de poulies, le cheval tirait le baril rempli sur le bord de la *tank* dans laquelle il se vidait en basculant. Le réservoir plein, les chevaux avançaient lentement. Les hommes retiraient ensuite les trois chevilles qui servaient de robinets à l'arrière pour arroser le chemin.

Quelquefois, une *sleigh* glissait dans la neige sur le côté de la route et se renversait. Le charretier devait alors ramasser les pitounes une à une. On disait qu'il avait *vêlé.* Après la fonte des neiges, des inspecteurs de la compagnie relevaient tous les *veaux,* c'est-à-dire toutes les pitounes qui auraient pu être laissées sur le bord du chemin. Encore une fois, le *jobber* était pénalisé. Il perdait 10 cents pour chaque pitoune oubliée.

Si le chemin descendait doucement vers le lac, les gars utilisaient de la paille pour freiner les *sleighs* et ralentir les chevaux. Dans des côtes trop abruptes, la paille aurait été bien inutile et les chevaux n'auraient pu retenir les *sleighs* lourdement chargées sur le chemin glacé. Les *guidis* prévoyaient des

Au lac Catin, les charretiers ont dételé leurs chevaux. Le midi, ils arrêtaient au camp qui était à mi-chemin entre le bois et la dump.

Les charretiers sortent de la forêt avec un demi-voyage de pitounes. Le trou de sable est bien visible sur la gauche.

réserves de sable nécessaires dans les côtes. Ils y creusaient un trou dans lequel ils gardaient un feu allumé pendant la nuit. Le lendemain matin, les hommes pouvaient utiliser le sable disponible pour l'étendre sur le chemin.

Quand le bois avait été coupé dans des endroits difficilement accessibles, les gars en mettaient moins dans les *sleighs.* Ils sortaient de la forêt avec des demi-charges par des chemins étroits et non tracés. Les charretiers s'arrêtaient au *tappan-house,* qui n'était qu'un tas de pitounes sur le grand chemin, pour *retoper* ou compléter leur *voyage.* S'il le fallait, des hommes y apportaient du bois toute la journée tant qu'on en avait besoin.

En 1943, le charretier dételle son cheval pour le lunch. Ces sleighs *ont une longueur de 22-24 pieds et une hauteur de 6 pieds.*

Slide *à Saint-Michel-des-Saints au lac au Loup.*

Pour éviter un *charroyage* trop difficile, des gars ont déjà construit des *slides*. Ils évitaient ainsi une longue route ou les risques d'accident dans une côte trop abrupte. Le bois tombait directement sur la *dump*.

Les charretiers n'avaient comme outils qu'un crochet à pitoune et leur hache. Ils utilisaient une poche de jute comme tablier pour protéger leurs pantalons. Les gars apportaient aussi un *guibou*, une poche de jute remplie de foin, qui leur servait de coussin sur les *voyages* de pitounes. Un soir, Sylvio Rondeau a dû se servir de son *guibou* pour aider son cheval qui était trop fatigué pour revenir au camp. Monsieur Rondeau lui donna alors le foin de son *guibou*. Le cheval réussit à se rendre après avoir mangé un peu.

Pour les hommes aussi, les journées étaient longues. Les soirées étaient occupées à travailler. Le souper terminé, les charretiers pansaient leurs chevaux et passaient l'étrille sur leurs bêtes. Quand il n'y avait pas de forgeron, certains réparaient les *sleighs* et les *catins* qui avaient lâché durant la journée. Le *charroyage* étant un travail éreintant, les gars devaient être en forme pour fournir autant d'efforts.

À Saint-Michel-des-Saints, comme à Saint-Côme ou ailleurs en Mauricie, les chemins ne permettaient pas l'utilisation de camions. En 1941, exceptionnellement, Stanislas Beaudoin en avait acheté un. Roger travaillait avec monsieur Dumont. Le jour, le soir et même le dimanche, les deux gars chargeaient le camion et le déchargeaient sur la *dump*.

Cette année-là, un *jobber* avait *dumpé* 5 000 cordes de bois en un seul tas sur le crique Causacouta. Les camions déchargeaient les pitounes du haut d'un ravin. C'était vraiment spectaculaire. De mémoire d'homme, il n'y a plus jamais eu une aussi grosse *dump*. À la fonte des glaces, les problèmes avaient été insurmontables. Tout était gelé. Le bois est resté là plus d'une année. Il avait été impossible de le draver le temps venu.

En 1940, Roger Beaudoin était payé à la journée, comme la grande majorité des charretiers. Puis, les hommes ont commencé à être payés à la *job*, soit en fonction du nombre de

Les hommes avaient cordé leur bois sur le chemin de truck *pendant tout l'hiver.*

cordes transportées. Les prix offerts variaient en fonction de la distance à parcourir. En 1943 au lac Catin, Roger charroyait avec Henri Thériault. Comme la *dump* était proche, les deux hommes avaient préféré travailler à la *job*. Ils livraient jusqu'à 24 cordes en une journée, à 1$ la corde, ce qui leur donnait

5 000 cordes de bois sur le crique Causacouta, du jamais vu.

12$ chacun par jour. C'était nettement avantageux pour eux, malgré les frais de pension qu'ils devaient payer. Cette année-là, ceux qui travaillaient à la journée devaient se contenter de 4$ par jour. L'année suivante, Roger, Sylvio Rondeau et Pitou Champagne touchaient 2$ la corde (annexe 10).

Du 6 au 26 janvier 1954, Roger et Lorrain Mireault ont charroyé ensemble 592 cordes de bois, sans *helper*. Leur salaire a pu en faire rêver plus d'un. Monsieur Mireault a cessé le travail dans les chantiers avec un exploit dont il peut être encore fier bien des années après.

Roger joue des airs traditionnels.

Chapitre X

UNE SOIRÉE DE CHANTIER

Le soir, après une journée à bûcher ou à charroyer, les hommes se retiraient dans leur camp. Certains en profitaient pour aiguiser leur hache sur la meule. Et ils parlaient, parlaient de chevaux, puis de femmes. On aimait s'amuser et rire. Il n'y avait ni radio ni télévision. Contrairement à la croyance populaire, on ne buvait pas dans les chantiers. Le gars qui aurait pris de la boisson aurait été congédié, et rapidement. Son nom était fait. Les *jobbers* ne voulaient pas de problèmes. De plus, les hommes devaient être en forme pour fournir autant d'efforts.

Les moyens de transport et l'état des routes rendaient les visites et les sorties très rares. Roger a déjà vu un vendeur se présenter au camp pour y vendre des lotions, des montres et des breloques. Les gars en avaient profité pour acheter leurs cadeaux de Noël. À moins d'une urgence, il n'était pas question pour eux de sortir avant la fin du bûchage. Exceptionnellement, en 1941, le *jobber* Séverin St-Georges, sa femme et Colette étaient rentrés à la maison à Saint-Jean-de-Matha pour quelques jours à la Toussaint.

La lettre

Parfois, les bûcherons recevaient du courrier de leur famille ou de leur blonde. Même s'ils savaient lire, plusieurs préféraient faire écrire leur lettre par un ami, surtout quand il s'agissait d'histoire de cœur. Roger Beaudoin, reconnu pour sa belle plume, en a écrit plusieurs pour ses *chums*. Il gardait en mémoire de belles phrases qu'il pouvait réutiliser à quelques reprises. Le *jobber* postait tout le courrier au dépôt quand il allait faire ses *commissions*. Roger se souvient de la lettre qu'il avait écrite pour un ami :

Crique-des-Îles, le 12 novembre 1942

Chère amie,

J'ai reçu ta lettre cette semaine et tu ne peux t'imaginer tout le plaisir que tu m'as fait. Je m'ennuie beaucoup loin de toi. Je garde de bons souvenirs de notre dernière soirée. Et je peux te dire que j'ai bien aimé La Dame aux Camélias, *ça valait vraiment la peine d'aller au théâtre Passe-Temps à Joliette pour voir ça. Je pense souvent aux derniers instants passés avec toi.*

Tant qu'à moi, ça va très bien cette année. Monsieur le Curé est venu cette semaine et j'ai été à la confesse et j'ai communié. J'ai un beau rond de bois et ça va bien avec les copains. Pis à part de ça, j'ai un ben bon cheval. Si j'ai pas de bad luck *je vais descendre avec une bonne* run. *Nous allons continuer nos projets pour acheter la terre à Pierrot.*

J'espère que pour toi tout va bien et que tu ne t'ennuies pas trop. Je descendrai pour les Fêtes et je rêve aux moments qui nous attendent. En fermant cette lettre se renferment toute la tendresse et l'amour que peuvent contenir deux cœurs amoureux comme le tien et le mien.

Ma bien-aimée, je t'embrasse tendrement. Ne tarde pas à me répondre.

Ton ami qui t'aime beaucoup

Quelques *bûcheux* apportaient des livres. Au Chapeau-de-Paille, après avoir vu une publicité dans une revue, Roger en avait commandé quelques-uns par la poste, dont *L'Homme, cet inconnu* du Dr Alexis Carrel. Il se souvient aussi d'avoir lu

Roger, un dimanche après-midi.

Le chemin des larmes. Souvent, les mesureurs et les inspecteurs laissaient une revue ou le journal *La Patrie* que Colette s'empressait de lire. En 1940, l'Europe était en guerre. Elle suivait avec un grand intérêt le développement de ce conflit.

Après le souper, il était fréquent d'entendre quelques notes de musique dans le camp. On retrouvait des joueurs de violon, de guitare, d'accordéon ou de musique à bouche. Si leurs instruments n'étaient pas dans la même tonalité, ils y allaient chacun à leur tour. Ils jouaient surtout des *reels* traditionnels.

Les complaintes

Parfois, un homme fredonnait une chanson à répondre ou une vieille chanson française comme *C'est la dernière que l'on boira*, la préférée de Sévérin St-Georges (annexe 2). Il arrivait aussi qu'un vieux chante une complainte que les gars appréciaient particulièrement. Les complaintes permettaient de se remémorer des événements importants qu'on ne voulait pas oublier. On racontait donc un fait réel sur un air connu, la plupart du temps un cantique religieux que tous avaient entendu à l'église. Ces chants servaient de mémoire collective à une époque où les livres et les journaux étaient inaccessibles pour plusieurs.

Par exemple, la *Complainte de l'*Empress of Ireland, chantée sur l'air du célèbre *Minuit, Chrétiens*, a permis de garder en mémoire ce naufrage, un des pires de la navigation commerciale avec celui du Titanic. Le 29 mai 1914, après une escale à Québec, l'*Empress of Ireland* a été frappé par un charbonnier qui aurait pris la fuite après l'impact. Le naufrage a eu lieu en quelques minutes en face de Pointe-au-Père dans le bas du fleuve. Il y eut 1012 victimes sur les 1477 passagers, des travailleurs de l'industrie automobile pour la plupart. Peu de temps après, tous les journaux étaient monopolisés par le déclenchement de la Première Guerre mondiale. Sans la complainte, on aurait vite oublié ce millier de disparus dans le fleuve. D'ailleurs, le célèbre *Minuit, Chrétiens* a été interdit dans plusieurs églises du Québec pendant des années. Les responsables religieux évoquaient comme raison qu'il s'agissait d'un chant protestant. En réalité, trop de fidèles chantaient *L'Empress of Ireland* (annexe 2).

C'était la nuit, à petite vitesse
L'Empress glissait sur le fleuve géant
Quand retentit un grand cri de détresse
Un charbonnier a fait un trou béant

Une complainte, sur l'air d'un cantique à St-Joseph, a été écrite dans la région de Lanaudière. C'est la triste histoire de Tom Nulty, le fils aîné d'une famille irlandaise établie entre Rawdon et Chertsey. Il fréquentait une jeune fille qu'il voulait épouser. On raconte que Tom demanda à son père la permission de prendre épouse et de l'emmener vivre avec eux. Monsieur Nulty ne pouvait ajouter une bouche de plus à nourrir, lui qui avait déjà cinq enfants sous son toit. Alors, Tom annonça à sa bien-aimée qu'ils ne pouvaient pas se marier. Elle lui aurait répondu : « Tom, de la place, quand on en veut, on s'en fait. » Que s'est-il passé dans sa tête ? La complainte livre ici tous les détails de cette tragédie. Profitant du départ de ses parents, Tom aurait pris une hache et tué ses trois sœurs et son jeune frère de dix ans. C'était le 8 novembre 1897. Le 4 février de l'année suivante, à Joliette, le juge Delorimier condamnait le jeune homme à mourir par pendaison sur la place Bourget[1] (annexe 2).

Sur l'air du cantique à Saint-Joseph, *Aimable Saint* :

Au fond obscur d'une pauvre campagne
Vivait naguère un fermier irlandais
Sous son vieux toit, cinq enfants, sa compagne
Semblaient goûter le bonheur et la paix

Les contes ou les « menteries »

Les hommes étaient vraiment contents quand ils avaient avec eux un bon conteur. Les histoires du père Colas, de son vrai nom Joseph Laurence, étaient reconnaissables. Il racontait souvent une très longue histoire d'un gars qui aimait la plus belle fille du village. Il finissait toujours en disant : « Ils se sont mariés et ont eu un petit, mais ça a tout pris, ça a tout pris. » Cette finale lui servait de signature. Olivier Beaudoin s'en

1. *La Presse*, Montréal, samedi 5 février 1898.

souvenait et riait encore en la répétant de nombreuses années après.

Plusieurs bûcherons connaissaient l'histoire de son chat. Le père Colas faisait du *trappage*, occupation courante à cette époque. Il n'avait pas besoin d'aller loin, la forêt était tout près des terres nouvellement défrichées. Un matin, il était allé lever ses pièges. Il découvrit le chat de la maison, la patte arrachée. Le père Colas le considérait comme un habile chasseur de vermine et ne voulait surtout pas s'en débarrasser. Il décida donc de lui installer une patte de bois. Quelques jours plus tard, à la grande surprise de la maisonnée, on aperçut le chat qui tenait un rat entre ses griffes et le frappait avec sa patte de bois pour l'assommer.

Des événements tout à fait incroyables prenaient une allure de vérité. Les conteurs avaient le sens du théâtre et un réel don des langues. Ils racontaient leurs histoires le plus sérieusement du monde. La région de Lanaudière a eu son lot de conteurs célèbres. Plusieurs ont connu messieurs William St-Georges de Saint-Michel-des-Saints, Urgel Landry de Saint-Côme et Euclide Satacousse de Sainte-Émélie-de-l'Énergie.

Monsieur William St-Georges était, lui aussi, un trappeur chevronné. Il disait aller tellement loin en haut de Saint-Michel-des-Saints qu'il devait marcher à quatre pattes entre la terre et le firmament. Un jour qu'il allait vérifier ses pièges, il se sentit tout à coup entouré d'une meute de loups. Il était seul au milieu d'un grand brûlis. Monsieur St-Georges chercha un moyen de fuir au plus vite. Il grimpa dans un arbre, un vrai *chicot*. Malgré la peur, il tenait bon. Les loups hurlaient à ses pieds. Un peu plus tard, ceux-ci partirent. Très rusé, le vieux trappeur attendit patiemment avant de redescendre. Il se méfiait d'eux et avec raison. Les loups revinrent au bout de quelque temps. Ils étaient allés chercher un castor pour abattre le *chicot*.

Le trappeur racontait aussi qu'il avait apprivoisé une truite. Elle revenait, jour après jour, à la même heure et à la même place. Il la nourrissait. Peu à peu, il commença à la sortir de l'eau. De quelques secondes, le poisson pouvait rester ensuite quelques minutes hors de l'eau… tant et si bien qu'il pouvait l'amener chez lui pour quelques heures. Par un bel après-midi d'été, monsieur St-Georges se promenait, la truite dans sa poche de chemise. Comme il avait soif, il arrêta à la source pour y boire de l'eau fraîche. Quand il se pencha, la truite glissa de sa poche et se noya.

William St-Georges était aussi pêcheur, tout un pêcheur. Il racontait, comme vrai, qu'un hiver, il avait fait un trou sur la glace. Il avait accroché un appât au bout d'une corde qu'il descendit dans l'eau glacée. Après quelques minutes, il sentit mordre à sa ligne. Il tira de toutes ses forces. Il sortit un énorme brochet. Il prit la tête entre ses deux mains et se mit à tirer de plus belle. Il tira, tira, tira sans relâche… Épuisé, il prit alors son couteau, coupa le poisson dont il ne put jamais dire la longueur exacte.

Toujours dans Lanaudière, monsieur Urgel Landry possédait un « cheval vite », un véritable trotteur dont il était très fier. Un jour, une voisine accouchait de son huitième enfant. L'accouchement se présentait mal. La sage-femme craignait le pire. Le mari, en peine, vint trouver monsieur Landry pour qu'il aille avertir le médecin à Joliette. Il n'y en avait pas de plus près. Monsieur Landry attela son Prince immédiatement. Il arriva chez le médecin en le priant de se rendre au 9e Rang au plus vite. Quand il sortit, son Prince était étendu par terre. Il essaya de le réveiller, lui apporta de l'eau, de l'avoine. Désespéré, il fit venir le vétérinaire. Ce dernier examina soigneusement la bête et, constatant son décès, déclara : « Monsieur Landry, il n'y a plus rien à faire… Votre cheval est mort. Il était probablement mort quand vous êtes passé à Saint-Ambroise-de-Kildare. »

Monsieur Landry avait déjà bûché dans l'Ouest canadien où on l'avait averti de la présence de serpents. Il travaillait seul dans le bois et avait très peur. Un jour, il se préparait à faire une *notch*. Au premier coup de hache, il reconnut le sifflement d'un serpent à sonnette caché sous les racines d'un gros pin. Il lâcha aussitôt sa hache et courut. À son retour, quelle ne fut pas sa surprise quand il voulut la reprendre. « Le manche était tout enflé... au moins deux ou trois fois sa grosseur », disait-il.

Monsieur Euclide Satacousse était d'une force incroyable. Il travaillait sur la drave. Un printemps, on lui aurait demandé de portager un poêle de *cookerie*. Les rapides de la chute Monte-à-Peine rendaient impossible la descente du matériel dans une barge. Monsieur Satacousse prit donc le poêle de fonte sur son dos, descendit le long de la rivière et le déposa. C'était la première fois qu'il trouvait le poêle aussi pesant. En ouvrant la porte du four, il comprit ce qui venait de se passer. Le *cook* avait oublié, semble-t-il, une poche de *beans* de 100 livres à l'intérieur (annexe 12). Rares étaient les hommes capables d'autant de force. Michel Gadoury de Saint-Jean-de-Matha, le père de Donat, était lui aussi capable de portager un poêle de *cookerie.*

Plusieurs ont entendu parler d'un dénommé Zoël Térault de Trois-Rivières qui avait fait la guerre de 14-18. Il aimait raconter ses souvenirs. Un jour qu'il était caché dans des tranchées, il fut obligé de battre en retraite. Il avait reculé, disait-il, en utilisant une poche de sable pour parer les balles de l'ennemi. Un vrai héros ! Ce vétéran avait été témoin de la rencontre entre le Lion du Nord et Victor de Lamarre, un homme fort bien connu en Mauricie. Il les avait vus, de ses yeux, disait-il encore, sur le train de Montréal en direction du lac Bouchette. Quand ils s'étaient donné la main, les deux hommes avaient commencé à se détacher lentement du sol. Sans s'en rendre compte, au bout de quelques minutes, ils étaient, face à face, à un pied du sol. Quelle force incroyable !

Les hommes écoutaient pendant des heures cette façon de raconter la vie quotidienne tout en images. Tous n'avaient pas la chance d'avoir un conteur vedette avec eux, mais leurs histoires circulaient rondement d'un camp à l'autre. Les gens les répétaient même dans les villages. Il ne fallait surtout pas rire devant eux, c'était des faits, des faits vrais.

CHAPITRE XI

LA VISITE DES PRÊTRES

LES ÉGLISES ET LES CROIX de chemin sont apparues dans le paysage québécois au rythme de la colonisation. Chaque village avait son curé et son église, parfois bien modeste. Des prêtres peuvent même revendiquer le développement de certaines régions. Le curé Labelle en est un exemple convaincant dans les Laurentides. Les communautés religieuses ont aussi joué un rôle de premier plan dans les écoles et les hôpitaux. La présence des prêtres dans les chantiers est beaucoup moins évidente.

Les rares documents disponibles ne permettent pas de déterminer de façon claire leur engagement auprès des bûcherons. L'abbé Théophile-Stanislas Provost a laissé des écrits. Avec la permission de son évêque, il a visité 19 chantiers en 1866 dans les limites de Saint-Michel-des-Saints[1]. Cette paroisse, de 136 habitants, allait devenir la sienne. Au XIXe siècle, la région de l'Outaouais aurait connu quelques « missionnaires », selon l'historienne Lucia Ferretti : « Ces derniers se déplaçaient en raquettes d'un camp à l'autre[2] ». Toutefois, les Rapports de Mission du diocèse de Québec de 1839 à 1872 ne révèlent pas si les religieux qui osaient s'aventurer dans la forêt visitaient les bûcherons ou les Amérindiens[3].

1. Madeleine St-Georges, *St-Michel-des-Saints et Haute-Matawinie*, Collection Société d'histoire de Joliette, De-Lanaudière, Les Éditions histoire du Québec, p. 60.

2. Lucia Ferretti, *Brève histoire de l'Église catholique au Québec*, Montréal, Boréal, 1999, 203 p.

3 Claire-Andrée Fortin, *Travailleurs forestiers en Mauricie au XIXe siècle*, Mémoire présenté à l'UQTR, septembre 1983.

La coupe sans favoris et la raie dans les cheveux des hommes agenouillés, le revers du veston du jeune homme à l'avant et les lunettes rondes du prêtre, apparues au Québec après la guerre, suggèrent de situer la scène entre les années 1945 et 1950. Il y a de fortes chances que ce soit une messe matinale avant la journée de travail.

Au début du XXe siècle, les chantiers sous contrat avec les papetières étaient souvent plus éloignés et difficiles d'accès que ceux des commerçants locaux. Par exemple, en 1916, la marche de 20 milles vers le Spring Crique au nord de Saint-Michel-des-Saints rendait inconcevable la venue d'un prêtre. En 1939, au Chapeau-de-Paille en Mauricie, aucun religieux ne s'était aventuré en canot sur la rivière Vermillon jusqu'au chantier chez Stanislas Beaudoin. Aux camps de Sévérin St-Georges et de Joseph Thériault à Saint-Côme au début des années 1940, les risques reliés au transport avaient aussi découragé les vocations les plus ardentes. Aucune trace des missionnaires du siècle précédent.

Grâce à l'amélioration des moyens de transport, des prêtres commencèrent à visiter des camps situés dans les limites de leur paroisse et facilement accessibles. Ces visites se sont généralisées. Elles avaient lieu une fois par année, à l'automne surtout, avant les premières neiges. Roger Beaudoin ne les a pas oubliées. Le prêtre arrivait pour le repas du soir. Il mangeait avec les bûcherons. Après le souper, quand les tables avaient été débarrassées et la vaisselle nettoyée, les hommes revenaient à la *cookerie*. Le vicaire leur adressait la parole, « un long sermon », dit-il. Il s'installait ensuite dans la chambre du *cook*. Ceux qui le désiraient allaient se confesser. Le lendemain matin, avant le déjeuner, vers 5 h 45, l'aumônier disait la messe, sans homélie. Les bûcherons pouvaient alors communier. À cette époque, il fallait être à jeun pour recevoir la communion. Roger n'avait jamais vu célébrer une messe d'aussi près. Il en parle avec émotion, surtout de la première. C'était en 1941. Le jeune vicaire de Saint-Roch-de-Mékinac s'était rendu dans la région du Chapeau-de-Paille. Chaque homme lui avait remis la somme de 1 $. Le salaire moyen des bûcherons était alors de 1,75 $ par jour. Comme la plupart n'avaient pas d'argent sur eux, le *jobber* leur avait avancé ce montant en prenant bien soin de l'inscrire à leur compte de dépenses. Une dizaine d'années plus tard, Roger se rappelle que tous les gars avaient

« Une Messe de minuit dans un chantier d'autrefois ». Dans cette œuvre, le plafond de planche et le cadre de la fenêtre attirent l'attention d'un œil averti. Ces matériaux étaient considérés comme des produits de luxe. Il s'agit probablement d'une création du peintre. Ce camp ressemble davantage à une maison de colon qu'à un camp de bûcherons.

remis 5 $ au prêtre. Des vocations grandement récompensées pour un camp de 50 hommes !

En 1954, Jean-Marie Payette, un Clerc de Saint-Viateur, venait d'être assigné à Saint-Zénon. Avec le vicaire de Saint-Michel-des-Saints, ils s'étaient divisé le territoire à couvrir. Chacun prévoyait visiter une dizaine de camps en deux semaines. Les deux prêtres devaient obligatoirement revenir dans leur paroisse pour les offices du dimanche. L'abbé Payette, maintenant retraité à Joliette, se souvient et raconte. Il avait dû, au préalable, obtenir une autorisation de l'évêché appelée le privilège de l'autel portatif. À l'époque, il était interdit de chanter la messe ailleurs que dans une église. Le prêtre se présentait donc au camp avec une mallette contenant un corporal. Il s'agissait d'un carré de tissu dans lequel on avait inséré des reliques saintes. Il devait ensuite l'étendre sur une table pour y déposer le calice et la patène. L'abbé Payette revoit encore l'image du *jobber* Henri Gouin de Saint-Zénon qui venait habituellement le chercher au presbytère. Monsieur Gouin se faisait un devoir de le nourrir et de l'héberger à l'*office* pour la nuit. Les bûcherons étaient contents de le rencontrer. Le religieux leur donnait des nouvelles du village. Il ajoute que ces travailleurs tenaient à gagner leur vie. Il termine en disant: « C'était parfois le seul emploi qui s'offrait à eux ».

Le peintre québécois Edmond-Joseph Massicotte a consacré les dernières années de sa vie à l'illustration de scènes de la vie quotidienne d'autrefois. Son tableau de 1927, « Une messe de minuit dans un chantier d'autrefois », suscite plus d'une question. Y avait-il vraiment des messes de minuit dans les chantiers ? Comment vivait-on Noël dans un camp de bûcherons ?

Dans Lanaudière, dans les Hautes-Laurentides et en Mauricie, les camps se vidaient au temps des Fêtes qui, pour plusieurs bûcherons, correspondait souvent à la « *fin de la run* ». Le bûchage terminé, ils rentraient chez eux pour de bon. Ils ne reviendraient pas tous pour le *charroyage* en janvier. Exceptionnellement, une tempête de neige aurait pu empêcher de partir ceux qui voulaient rentrer chez eux pour Noël. Une dizaine d'hommes, souvent moins, sur une cinquantaine d'employés préféraient rester au camp à Noël. Ils le faisaient sur une base volontaire. Il s'agissait souvent de ceux qui n'avaient pas de famille. En 1940, la *cook* Laurianna Thériault avait offert à son père Joseph Thériault de rester au chantier avec Gaspard Coutu, son époux, et leur fille âgée d'à peine un an. Au lieu d'affronter les risques d'un long voyage de plusieurs heures en *sleigh*, le camp leur offrait un confort rassurant. Ils seraient seuls pour une dizaine de jours. Il fallait nourrir les chevaux et surveiller les installations. Le *jobber* Thériault était donc parti du lac Lavigne à Saint-Côme sans la moindre inquiétude.

En 1939, sur la rivière Vermillon en Mauricie, Roger avait, lui aussi, refusé de descendre parmi les siens. Il avait perdu sa mère l'année précédente, un 26 décembre. À 19 ans, il ne voulait plus réveillonner, dit-il. Il croyait surtout plus sage de continuer à bûcher pour prendre de l'avance. Il risquait moins de voir fondre ses gages. Les quelques gars qui se retrouvaient dans le camp n'avaient pas le cœur à chanter. Ni Laurianna ni Roger ne se souviennent d'un repas de Noël ou d'une fête quelconque. Une messe? Encore moins. Aucun prêtre ne se serait aventuré en forêt en décembre pour une poignée d'hommes.

Le touchant monologue *Noël au camp*, écrit en 1968 par Tex Lecor, reflète davantage la réalité de certaines régions éloignées où les bûcherons étaient souvent plus nombreux à rester au camp. Ces derniers préféraient éviter de payer les coûts du transport en train. Il n'y avait souvent ni village ni église dans ces régions. En Abitibi, entre autres, des prêtres auraient visité quelques camps pour y chanter la messe de minuit dans l'un, la messe de l'aurore et celle du jour de Noël dans les deux autres. On rapporte aussi qu'un évêque aurait célébré une messe de minuit à Baie-Comeau au début des années 1960. L'événement demeurait exceptionnel. L'abbé Jean-Marie Payette abonde dans le même sens. Il explique qu'on avait trop besoin d'eux pour les offices religieux dans les paroisses. À cette époque, les églises étaient pleines à craquer. Oui, il a visité des camps mais jamais au temps des Fêtes.

CHAPITRE XII

LES CHEVAUX

AU QUÉBEC, LES CHEVAUX sont venus d'Europe avec l'arrivée des premiers Français. Ils étaient toutefois réservés aux militaires et aux nobles. Les colons les ont rapidement réclamés pour leur usage personnel. Les tensions avec certaines tribus autochtones et les grandes distances à parcourir les rendaient essentiels. Au début du XXe siècle, les chevaux étaient toujours indispensables, autant en milieu urbain qu'en milieu rural. Ils faisaient la fierté de leur propriétaire. Les connaisseurs préféraient une bête avec un « collet en roulette », signe de force et de bonne santé. Dans les chantiers, les chevaux ont joué un rôle très important. Ils faisaient partie des équipes de bûchage en forêt. Ils ont été essentiels également sur le *charroyage* pendant plusieurs décennies. D'où venaient-ils ? Comment les traitait-on ?

Les *jobbers* devaient s'approvisionner au dépôt de la compagnie pendant tout l'hiver, mais ils pouvaient acheter leurs chevaux où ils le voulaient. Quelques-uns couraient les ventes aux enchères. Certains se tournaient vers la compagnie. Tous se méfiaient des maquignons. De toute manière, ils en payaient le gros prix. Les marchands étaient nombreux au Québec. Dans la région de Trois-Rivières, des éleveurs se spécialisaient dans la vente de bêtes entraînées pour le travail en forêt. Pour compléter son écurie, le *jobber* Stanislas Beaudoin préférait se rendre à Montréal au commerce du marchand Bodnoff de l'avenue du Mont-Royal. Ils étaient nombreux à faire comme lui. La réputation de ce commerçant était bien établie. Bodnoff

Le cheval, animal noble. Les jeunes hommes allaient jusqu'à installer un piquet près de l'église pour réserver leur place le jour où ils auraient leur propre monture. Il s'agissait d'un atout sérieux auprès des jeunes filles.

vendait des chevaux de l'Ouest canadien qui n'avaient jamais été dressés. Il offrait des belges, des percherons ou des clydes, des bêtes lourdes et robustes, comme les aimaient les bûcherons. Avec un poids entre 1000 et 1400 livres, le « cheval canadien » n'avait pas les qualités requises pour répondre aux exigences du travail en forêt. Pour économiser sur l'achat d'une bête, quelques *jobbers* ont déjà engagé un *pileur* avec son cheval. Ainsi, au début des années 1930, Olivier Beaudoin disait qu'un *pileur* gagnait 75 cents par jour et recevait 25 cents par jour pour l'animal. Malheureusement, les chevaux utilisés sur les terres étaient souvent, eux aussi, trop petits pour résister aux efforts à fournir sur le *charroyage.*

Les *jobbers* devaient estimer la quantité nécessaire de chevaux pour le bûchage avant même de monter au chantier. Quelques bêtes suffisaient quand les hommes travaillaient à la mitaine. Les *jobbers* construisaient toutefois une écurie assez grande pour en loger parfois le double quand venait le temps du *charroyage.* Dans les régions où le *bûchage à la garde* était nécessaire, ils en prévoyaient plusieurs. Chaque équipe avait son cheval. L'efficacité du *pileur* en dépendait. Une année, Roger Beaudoin bûchait avec Laurent Beaulieu. Le *jobber* leur remit une bête solide et forte qu'il venait tout juste d'acheter. Il leur proposa les services de Jean-Jacques Houle de Saint-Michel-des-Saints, comme il le faisait souvent avec une nouvelle bête. Monsieur Houle travaillait comme *pileur* à la journée. Il connaissait bien les chevaux. Il savait comment s'y prendre. Ses talents étaient fort appréciés. Pourtant, après quelques heures, il éprouvait encore des difficultés. Il n'arrivait toujours pas à se faire obéir. Laurent bûchait dans la forêt tandis que Roger sciait le bois sur la *garde.* Le cheval persistait à s'arrêter à mi-chemin entre les deux hommes. Monsieur Houle leur demanda alors son nom. Les bûcherons n'en avaient pas la moindre idée. Roger lui répondit à brûle-pourpoint « Sundae ». À la surprise de tous, l'animal redressa la tête et se dirigea droit vers lui. Roger venait de lui trouver un nom et, surtout, de gagner sa confiance.

Au camp chez Léo Beaudry à Mont-Laurier.
Un cheval belge d'une force incroyable tire une charge de billots.
La papetière MacLaren, contrairement aux compagnies de la Mauricie, acceptait encore les billots en 1948.

Les hommes devaient, en tout temps, se faire écouter par leur cheval. En 1943, au lac Catin, Lionel Beaulieu bûchait, Florian Lépine sciait sur la *garde* et son frère Lionel travaillait pour eux comme *pileur*. Il s'agissait d'employés modèles. Le scieur venait de détacher le billot quand Beaulieu leur cria « Watch out ». Il venait d'abattre un cyprès. En entendant le *bûcheux*, l'animal s'est tout de suite dirigé vers lui. Le pileur n'a pu le retenir. La bête est morte sur le coup. Un accident! Le *jobber* ne les a pas tenus responsables et en assuma la perte, soit 150$.

En 1947, au camp chez Donat Boisvert à Saint-Michel-des-Saints, Roger Beaudoin travaillait avec Louis-Georges Roy et Viateur Robillard (à Hilaire) de Sainte-Émélie-de-l'Énergie. Ce dernier était un des meilleurs *pileurs* que Roger ait connus. Les hommes choisissaient leur bête pour la saison. Viateur avait l'œil sur un belge de 2000 livres. Monsieur Boisvert, qui en était à sa première année comme *jobber*, ne connaissait pas tous ses hommes. Il refusa. Il leur confia plutôt un jeune cheval. Viateur était un homme doux qui savait parler aux bêtes. Après quelques jours, il en faisait ce qu'il voulait. Monsieur Boisvert se ravisa après quelques semaines en constatant le rendement de cette jeune équipe. Il leur céda alors l'animal convoité au départ. Viateur avait vu juste.

C'est pour le *charroyage* que les chevaux étaient le plus sollicités. Les chemins de glace, la paille, le sable, rien n'était épargné pour aider les bêtes. Il n'y avait aucun mécanisme de freinage sur une *sleigh*. Pour maîtriser la vitesse d'un *voyage*, les charretiers ont longtemps utilisé un « travail traînant ». Il suffisait d'installer un madrier par terre dans la neige, devant la *sleigh*, entre les deux montants en bois solidement attachés à l'attelage du cheval. Ce dernier traînait donc, derrière lui, ce qui allait servir de frein au besoin. Dans une pente, le charretier retenait les rênes. La *sleigh* glissait et appuyait sur ce madrier. Toute la charge s'en trouvait ainsi ralentie. Cette technique avait ses inconvénients. On l'abandonna peu à peu au profit d'un « travail fixe » qui obéissait mieux aux mouvements

Un travail traînant. Le charretier arrive à la dump *avec sa charge de pitounes. Le madrier est visible, dans la neige, derrière le cheval.*

de l'animal et diminuait aussi les risques de le blesser. Les montants du travail de chaque côté étaient retenus par des anneaux. Toutefois, l'absence du madrier dans la neige rendait impossible tout contrôle de la vitesse des lourds *voyages*.

Dans une côte vraiment abrupte, les charretiers attachaient des chaînes sous les *sleighs* pour réduire leur vitesse, et ce, même avec un travail traînant. Mais ce n'était pas toujours suffisant. Les chevaux devaient parfois descendre à flanc de montagne. L'utilisation d'un « bœuf » offrait une solution populaire et efficace. Les hommes déchargeaient une corde de bois, parfois davantage, qu'ils enroulaient solidement avec une chaîne étendue au sol derrière la *sleigh*. Ils laissaient ensuite traîner le bois pour ralentir le chargement et ainsi sécuriser la descente. Un ancien bûcheron, Lorrain Mireault, de Rawdon, se souvient d'avoir utilisé une « chèvre », méthode beaucoup plus singulière. À l'aide d'une poulie installée en haut d'une côte, les hommes avaient fixé un long câble à deux *sleighs*, une première qui descendait avec une charge et une seconde qui montait en direction opposée. Le premier *voyage* de pitounes était donc retenu par l'autre attelage qui peinait à monter et se voyait ainsi aidé.

Le foin habituel n'aurait pas suffi à nourrir les chevaux pour un travail aussi exigeant. Quelques jours avant de monter au chantier, le *jobber* avait enrichi leur nourriture petit à petit. Pendant toute la saison, les charretiers leur donnaient une petite chaudière d'avoine à chaque repas. À la fin de la *run*, on devait graduellement réduire ces portions d'avoine. Ils n'auraient pas survécu à autant de nourriture pendant la saison chaude. On leur donnait également de l'écorce de jeunes trembles pour les purger. Les chevaux étaient alors prêts à quitter le bois pour refaire leurs forces. De retour à la maison, les *jobbers* avaient l'habitude de les faire saigner. Cette coutume populaire devait protéger le cheval de la fièvre. À Sainte-Émélie-de-l'Énergie, cette délicate intervention était confiée au forgeron Éloi Frappier. Il restait maintenant à leur trouver une pension.

D'une année à l'autre, les *jobbers* tenaient à garder leurs meilleures bêtes. Ils devaient en assumer les coûts et l'entretien même pendant l'été. Un *jobber* avisé ménageait son écurie puisqu'un cheval en moins devait être remplacé à l'automne. Certaines bêtes ont été utilisées pendant plus de cinq ou six ans. Léo Beaudry de Sainte-Émélie-de-l'Énergie faisait chantier à Mont-Laurier. À l'instar de plusieurs *jobbers,* il a laissé ses chevaux à Berthier, sur l'île de la Commune, pour un prix avantageux pendant quelques années. La saison terminée, le *jobber* Stanislas Beaudoin, lui, ramenait deux de ses meilleurs chevaux à Omer Pelland, un cultivateur bien établi. Monsieur Pelland engageait des hommes pendant l'été. Il possédait plus de 25 vaches. Il avait besoin de chevaux supplémentaires pour les travaux dans les champs. Le *jobber* épargnait ainsi les frais de pension. En échange, le cultivateur n'avait pas à nourrir les bêtes pendant la saison froide. Il existait un lien de confiance entre les deux hommes. Le *jobber* Beaudoin laissait habituellement une de ses bêtes à son beau-frère, Raymond Bazinet. Ce dernier, propriétaire d'une pourvoirie, attendait impatiemment la fin des chantiers pour récupérer l'animal pour l'été. Il le nourrissait et le remettait à son propriétaire en septembre. Les pêcheurs se rendaient à pied jusqu'à leur chalet. Monsieur Bazinet montait tout leur matériel derrière eux dans une voiture légère, une waguine, tirée par le cheval. Le *jobber* Beaudoin laissait lui aussi ses autres bêtes sur l'île de la Commune.

Les *jobbers* prenaient soin de leurs chevaux. Aucun animal n'aurait attendu des journées complètes pour effectuer, le moment venu, le travail demandé de façon aussi efficace. Un cheval battu ne donnait jamais de bons résultats. Malheureusement, quelques-uns ont été maganés. On raconte, à mots couverts, que des gars trop ambitieux leur auraient donné des petites doses de dynamite pour les droguer. Ces bêtes étaient condamnées. De tels événements malheureux restaient très rares. Aucun *jobber* n'aurait toléré un tel comportement. Quelques charretiers auraient, semble-t-il, préféré

Fin du charroyage. *En 1946, au camp d'André Loyer, ce* voyage *exceptionnel aurait fait 3 milles du lac au Loup jusqu'au lac Supérieur. Le* rack *mesure 32 pi de longueur et les catins ont une hauteur de 8 pi. Le* jobber *Charrette était venu rencontrer ses hommes.*

dormir dans l'écurie avec leur cheval au lieu de loger à l'hôtel à La Tuque sur le chemin du retour. Il faut rappeler qu'à cette époque chaque hôtel avait son écurie. Encore aujourd'hui, les bons charretiers parlent de leur bête avec beaucoup d'émotion. L'un d'eux m'a répété avec une pointe de regret que, même dans des froids extrêmes, son cheval « partait » toujours le matin, ce qui n'était pas le cas avec les véhicules. En 1955, il n'y avait pratiquement plus de chevaux sur le *charroyage*. Pourtant, nombreux sont ceux qui, comme Roger, persistaient à croire que le cheval restait irremplaçable dans la forêt pour l'abattage des arbres.

Le dernier voyage*! À Casey, au camp de Groleau, les hommes terminaient le* charroyage*. Ils avaient ramassé tout ce qui traînait le long du chemin. Ils étaient tout près de la* dump *sur une route bien durcie. Ils ont surtout voulu impressionner.*

La saison du charroyage *était terminée. Au lac Supérieur sur le crique Brûlé, le* rack *mesure 32 pi sur 8 pi de hauteur. Il y aurait 11 cordes de pitounes.*

Chapitre XIII

LA DRAVE

La drave de pitounes

Au printemps, quand la glace cédait, la drave pouvait commencer. Le bois coupé en pitounes était pratiquement tout dravé. Le bois mou, comme l'épinette, flottait bien sur l'eau. Pendant des semaines, les hommes veillaient à faire descendre les pitounes sur des centaines de kilomètres de rivières jusqu'aux moulins à papier des grandes compagnies forestières en Mauricie. Les chantiers et la drave ne relevaient pas de la même organisation. Les draveurs étaient des experts qui ne faisaient souvent que la drave comme métier. Ils devaient bien connaître l'eau. C'était très dangereux. Après leur *run,* quelques bûcherons donnaient leur nom pour draver, des vieux garçons surtout. Ils avaient le goût du risque et de l'aventure. Personne ne doutait de l'audace et de la témérité des draveurs expérimentés comme Ambroise Lepage de Saint-Côme, Salomon Lépine et Georges Hénault de Sainte-Émélie-de-l'Énergie.

L'automne précédent, la compagnie avait préparé les *approuvements.* Elle avait fait d'abord construire des barrages. Il en existait deux sortes: la *dam* à charge d'eau et le quai de pierres. Elle devait aussi faire couper les branches et nettoyer les berges des lacs ou des cours d'eau sur lesquels elle prévoyait faire la drave. Des murets de bois, de chaque côté de l'ouverture de la *dam,* assuraient la sortie des pitounes.

Ici, le barrage est une dam *à charge d'eau qui a été solidifiée par des billots cordés et recouverts d'une épaisse couche de mousse et de terre.*

À la fonte des glaces, le *boss* de drave donnait le signal de départ. Il attendait un vent favorable. Le *gardien de tête* ouvrait alors le barrage pour permettre au bois sur la *dump* de partir. Les draveurs devaient ensuite *se lousser,* c'est-à-dire qu'ils devaient pousser toutes les pitounes vers la sortie. Ils travaillaient avec des *gaffes,* des longues perches munies d'un crochet et d'une pique à une extrémité.

Cette opération était assez délicate. Le débit de l'eau devait assurer un bon contrôle du bois. Trop d'eau, d'un seul coup, entraînait la formation d'une *jam.* Contrairement aux billots, les pitounes ne bloquaient que très rarement. Un débit trop fort pouvait aussi les précipiter dans les branches de chaque côté de la rivière. Les *hurlots,* alors chargés de les récupérer et de les remettre à l'eau, ne fournissaient pas à la tâche. Leur travail consistait à faire la *sweep.* Après leur passage, il ne devait rester aucune pitoune sur les bords de la rivière. Comme dans

Quai de pierres: il s'agissait de deux carrés de billots remplis de grosses pierres. À Casey, le boss *Brodeur Garand qui a donné trop d'eau travaille avec une* gaffe *à défaire une* jam *formée à la sortie du barrage.*

les chantiers, des inspecteurs passaient vérifier si tout le bois avait été bien ramassé.

Plus loin, sur la rivière, les draveurs suivaient les pitounes, les tiraient ou les poussaient avec leur *gaffe*. Ils travaillaient dans de grosses chaloupes en équipe de quatre. Deux rameurs et deux *gars de boat*. Le *devant de boat* indiquait le chenal à prendre. Il était le plus expérimenté. Comme chef d'équipe, il devait prévoir tous les dangers et prendre rapidement les décisions.

Il y avait même des *boats* à six hommes, avec quatre rameurs. Ces embarcations étaient habituellement réservées au transport du matériel. Le poêle de fonte pesait plus de 500 livres (annexe 12).

Gaspard Coutu, de Sainte-Émélie-de-l'Énergie, travaillait avec son beau-père Joseph Thériault, de Saint-Côme, un draveur chevronné. «Les draveurs devaient être très alertes.

Les pitounes se sont retrouvées de chaque côté du ruisseau déversant du lac Morissette. Les hurlots *ont eu à travailler fort ce jour-là.*

Drave sur la rivière L'Assomption, à Sainte-Béatrix.

Boat *à 4 rameurs, beaucoup trop gros pour descendre les rapides.*

Campement de drave.

Il valait mieux s'informer et ne jamais être prétentieux », disait-il. Les accidents arrivaient surtout aux draveurs débutants. À la demande d'un *boss*, des gars pouvaient se jeter à l'eau pour récupérer du bois quand il n'y avait pas de danger. Monsieur Coutu a raconté qu'un jeune draveur s'était lancé à l'eau pour prouver son audace. L'apprenti avait été sauvé de justesse au pont des Dalles à Sainte-Béatrix. Monsieur Thériault l'avait congédié la journée même. Il n'avait pas besoin de quelqu'un d'aussi téméraire dans son équipe.

Les journées étaient très longues. Les gars se levaient à 4 h du matin et se couchaient vers 22 h. Au moins, les salaires étaient bons. Leurs tentes de toile étaient installées sur le bord de la rivière. Ils dormaient quatre par tente. Les draveurs devaient remonter leur campement tous les 10 ou 12 milles. Le *cook* suivait le groupe dans une barge. Il transportait le poêle de *cookerie*, les ustensiles, la nourriture et tout son matériel. Les hommes mangeaient quatre fois par jour. L'heure des repas variait avec les endroits et les conditions météorologiques. Gaspard Coutu se souvenait d'avoir campé dans plus de 2 pieds de neige au crique Fret à Saint-Côme.

Les draveurs savaient s'amuser. À L'Assomption, leur campement était sur la rive, juste en face de l'hôtel Miami. William Coderre de Saint-Paul-de-Joliette, draveur émérite, a déjà traversé la rivière sur une pitoune, assez grosse pour le porter, pour aller chercher quelques bières. À Joliette, les draveurs installaient leurs tentes derrière l'actuel cégep. Les citadins les voyaient et les entendaient.

Vers Charlemagne

Au nord de la région de Lanaudière, le partage des eaux est situé à Saint-Zénon, c'est-à-dire que les rivières coulent vers l'est jusqu'à la rivière Saint-Maurice par la rivière Matawin. Par contre, plus au sud de la région, depuis Sainte-Émélie-de-l'Énergie, Saint-Donat et Saint-Côme, les eaux se déversent vers la rivière L'Assomption. Les draveurs suivaient donc les rivières de village en village passant par Joliette, Saint-Paul-de-Joliette, Saint-Gérard, L'Assomption, Saint-Paul-L'Ermite jusqu'à Charlemagne.

En 1942, Roger Beaudoin s'était rendu à Charlemagne. Il logeait chez une dame Casgrain qui tenait pension. Il avait rejoint Georges Aumont et Joseph Thériault de Saint-Côme, qui venaient de terminer la drave. Les hommes voulaient continuer à travailler pendant l'été. Cette année-là, cent mille cordes de bois avaient été dravées sur la rivière L'Assomption. Des hommes, debout sur les *booms*, poussaient les pitounes vers le convoyeur avec de longues *gaffes*. Les gars les attendaient dans les barges qui transporteraient tout le bois aux moulins à papier de Trois-Rivières. Ils étaient regroupés en quatre équipes de six, soit deux par barge. Ils devaient ramasser toutes les pitounes une à une, à bras d'homme, et les corder. Ils déposaient les premières au fond, dans le sens de la longueur, et toutes les autres de travers. Les hommes étaient mouillés de la tête aux pieds. Le bois, gorgé d'eau après un séjour de plusieurs semaines sur la rivière, était très lourd. 325 cordes par barge. C'était un travail éreintant, sûrement le plus difficile que Roger eut à faire dans sa vie. Les travailleurs avaient eu de l'ouvrage pour tout près de deux mois.

Vers Trois-Rivières

En Mauricie, tout le bois était dravé sur des dizaines de rivières vers le Saint-Maurice jusqu'aux moulins à papier. En 1941, Roger Beaudoin a dravé dans cette région avec le maître-draveur Louis Bazinet de Sainte-Émélie-de-l'Énergie. Il avait 20 ans. Roger ramait avec Hector Bazinet. Catin Blais, le derrière de *boat*, faisait équipe avec eux. Le *gardien de tête* avait ouvert le barrage. Les gars, installés sur les *booms*, poussaient le bois vers la *dam*. Les *booms* étaient des billots attachés les uns aux autres qui retenaient le bois flottant sur ce lac, 4 000 cordes. Départ difficile ! Le *boss*, Brodeur Garand de Saint-Élie-de-Caxton, avait donné trop d'eau. Les pitounes ont bloqué juste au pied du barrage. Quand le *boss* a demandé aux hommes de se jeter à l'eau, Roger était prêt à y aller. Louis Bazinet, qui le protégeait comme s'il avait été son fils, lui a alors dit de rester tranquille. C'était trop dangereux. Le vieux maître-draveur en avait vu d'autres. Monsieur Garand réussit finalement à débloquer la *jam*. Selon Hector Bazinet, le *boss* n'avait qu'à donner moins d'eau.

Partis du lac Fichaud à Casey, les draveurs suivaient les pitounes, de plus en plus nombreuses, d'un lac à l'autre. Au fur et à mesure qu'elles approchaient, ils ouvraient les *dams*. Après le petit lac Trappeur, les hommes continuèrent jusqu'au lac Windigo et au lac Dawn. Juste avant d'arriver au lac Anselme, aux rapides Gauvin, la chute était assez raide. Les gars des autres *boats* ne voulaient pas descendre ces rapides. Monsieur Bazinet était vraiment un expert. Il demanda à ses coéquipiers s'ils avaient peur. Les trois hommes lui faisaient confiance. Ils entreprirent la première descente. Fiers de leur succès, ils ont été remontés en camion sur une distance d'environ un mille et demi. De là, les draveurs sont embarqués dans le deuxième *boat* avant de s'élancer dans les rapides. Ils ont recommencé leur exploit à cinq reprises, au grand bonheur de leurs confrères. Dans des rapides aussi risqués, les rameurs étaient appelés à faire de gros efforts.

Roger se souvient aussi qu'un matin, sur le lac Anselme, le *boss* avait réveillé tous les gars très tôt. Il les pressait. Il disait que le vent était bon et devrait les aider à pousser les pitounes vers la sortie du lac. Malheureusement, le vent n'était pas du tout favorable. Les hommes étaient allés se recoucher quelques minutes plus tard. Un autre jour, Roger travaillait avec une *gaffe* à séparer des pitounes retenues ensemble. Il piquait de toutes ses forces dans la glace. Tout à coup, il traversa la mousse coincée entre deux pitounes. Déstabilisé, il se retrouva à l'eau. Un gars lui tendit aussitôt sa *gaffe* pour le tirer à temps des eaux froides.

Roger a laissé la drave en juillet. Les draveurs suivaient sur la rivière Ruban près de 20000 cordes de bois qui n'avaient toujours pas atteint la rivière Saint-Maurice. Des millions de cordes étaient dravées sur cette rivière. Roger se souvient d'une image pour le moins surprenante. Il arrivait qu'une pitoune, dont un des bouts était pourri, cale et se redresse à la verticale. La tête haute, cette dernière descendait alors le courant, droite comme une chandelle, parmi les milliers d'autres qui flottaient.

La drave de billots

Bien avant la drave des pitounes, les compagnies avaient fait draver des billots. Ce travail était encore plus risqué et difficile. Monsieur Salomon Lépine avait dravé bien avant la

Selon Salomon Lépine, plus le niveau de l'eau était haut, plus le courant était fort, mais pas plus rapide.

construction du réservoir du lac Taureau en 1931. Celui-ci a permis de mieux contrôler les eaux de la rivière Matawin (annexe 11.2), rendant le travail des draveurs plus efficace, quoique toujours aussi dangereux. En septembre 1981, le vieux draveur avait encore en tête le nom de tous les rapides de la rivière Matawin. Elle n'avait aucun secret pour lui. C'est avec une grande fierté qu'il parlait des rapides et des pièges qui hantaient certains draveurs (annexe 9).

Le vieux draveur parlait « d'eau haute » au printemps et « d'eau bâtarde » quand le niveau de l'eau baissait. Il conseillait aux débutants de s'informer auprès de draveurs chevronnés comme les Gouger de Saint-Michel-des-Saints. Comme eux, il préférait les longues houles, moins dangereuses. L'eau froide et la force du courant ne pardonnaient pas. À cause de leur longueur, les billots bloquaient facilement sur les rivières. Ils s'entassaient les uns sur les autres en *jams* au pied d'un rapide, dans un tournant ou au moindre obstacle. Le travail des draveurs consistait surtout à défaire ces *jams*. Ils devaient agir rapidement. « Il fallait chercher la clé », disait monsieur Lépine. Les plus expérimentés pouvaient entendre la *jam* « souffler »

Les draveurs n'hésitaient pas à courir sur les billots avec leurs bottes cloutées.

quelques secondes avant de se défaire. À ce moment-là, il était urgent pour eux de regagner la terre ferme.

Les draveurs n'avaient comme outil que leur *gaffe* et la force de leurs bras. C'était parfois insuffisant. Ils devaient régulièrement se servir de dynamite pour faire sauter une *jam* trop importante. Tout était synonyme de danger. En cas d'accident, le dynamitage était arrêté tant que le corps d'un draveur n'avait pas été repêché.

Parfois, à cause de quelques branches accumulées sur un rocher au milieu d'un rapide, les billots bloquaient encore. L'eau débordait des deux côtés de la rivière et offrait ainsi un passage plus sécuritaire que les rapides. Les draveurs n'hésitaient pas à emprunter ce passage qu'ils appelaient le *chenal du rat*. Ils pouvaient alors revenir, se rapprocher de la *jam* et la défaire. Année après année, les hommes étaient assurés de pouvoir passer dans un *chenal du rat* au Jouk-au-bœuf, un dangereux rapide de la rivière Matawin. Ils devaient aussi savoir qu'au bas d'un rapide, à l'eau montante, il leur était possible de maintenir leur barge sur le côté de la rivière. Par contre, au même endroit, à l'eau descendante, c'était pratiquement impossible. Les gars

Le dynamitage était fréquent. L'explosion est visible sur la droite de la jam.

devaient ramer de toutes leurs forces afin d'éviter que leur *boat* soit emporté par le courant. Monsieur Lépine parlait alors de *rats d'eau.*

Les draveurs craignaient également les *backwaters* provoqués par l'eau qui revenait après avoir frappé une roche ou un cap. Si l'obstacle était sur le côté de la rivière, l'eau retombait de biais en roulant comme une *oreille de charrue* et pouvait renverser un *boat* en quelques secondes. Il était quasiment impossible de s'en sortir. Monsieur Napoléon Marien avait été sauvé de justesse au Rapide-du-Grand-Cinq. Son *boat* s'était rempli. Les hommes devaient aussi surveiller les variations du débit de l'eau. Certains parlaient de *fraise* quand, tout à coup, l'eau remontait en fontaine. D'autres préféraient dire que l'eau *fleurissait.* Les remous représentaient une autre menace. Les accidents étaient fréquents. Les rapides ont eu raison de monsieur Ferdinand Boisvert qui ne fut jamais retrouvé. Le corps de son partenaire, un monsieur Blais, avait été repêché grâce à sa *cup* de bois qui flottait.

Drave sur la Matawin.

La drave à Sainte-Émélie-de-l'Énergie

Lorsque la Consolidated Paper Corporation Ltd. a exigé de couper le bois en pitounes, les commerçants locaux ont continué d'acheter leur bois en billots. Dans les villages, comme à Sainte-Émélie-de-l'Énergie, la drave demeurait le moyen le plus efficace de transporter le bois aux moulins à scie. C'est ce que faisait le marchand Philibert Belleville. En 1944, Roger et le draveur Tom Tellier ont travaillé pour lui. Les deux hommes dravaient les billots sur la rivière Noire jusqu'au moulin à scie du village.

Le draveur Salomon Lépine connaissait toutes les rivières autour de Sainte-Émélie-de-l'Énergie (annexe 8). Il était familier avec tous les rapides de la rivière Noire. Ce dernier disait qu'il pouvait draver le Crique-à-David en six semaines seulement, et ce, à l'eau ordinaire. Pour lui, c'était facile. Il n'y avait que trois barrages sur ce cours d'eau. Certains draveurs se servaient de leur *gaffe* pour traverser cette rivière à la manière des athlètes au saut à la perche.

Que ce soit la drave de billots ou de pitounes, ce métier était de loin le plus difficile à apprendre. Ce travail dangereux possède son lot d'histoires tragiques et d'exploits. La drave a laissé des traces sur les rivières de la Mauricie et dans Lanaudière.

Le contremaître sur la drave partait régulièrement en canot pour faire la reconnaissance de la rivière avant de lancer ses hommes sur l'eau. Il leur indiquait clairement les dangers et les portages.

Chapitre XIV

LA FIN D'UNE ÉPOQUE

Autour des années 1950, la vie dans les chantiers s'est rapidement transformée. L'amélioration des routes a entraîné plusieurs changements. Les camions ont vite remplacé les chevaux pour le *charroyage*. Comme il devenait possible d'apporter des matériaux de construction, le camp de bois rond a été peu à peu délaissé au profit d'un carré de madriers. Puis, les bûcherons pouvaient enfin revenir dans leur famille les dimanches.

Les scies à chaîne ont révolutionné la coupe du bois. Les premières que Roger Beaudoin a touchées, trop lourdes et difficiles à manipuler, remontent à 1948. Elles étaient moins performantes qu'une sciotte et une lame bien aiguisée. Il lui a fallu attendre une nouvelle génération de scies avec Homelite et Pioneer pour qu'elles deviennent un atout. La mécanisation ouvrait une nouvelle ère. Aujourd'hui, les abatteuses modernes coupent jusqu'à deux cents arbres à l'heure d'après le témoignage de Jean-Yves Durand, travailleur forestier de Saint-Jean-de-Matha.

Au début des années 1940, un gars apportait parfois une radio à piles. Les hommes se regroupaient pour écouter *Nazaire et Barnabé* à CKAC. D'autres suivaient avec intérêt *Les Nouvelles de chez nous* présentées par Albert Duquesne à 18h45. Après 1950, c'était courant. Les hommes écoutaient la radio dans les camps. Plusieurs récitaient le chapelet avec le cardinal Paul-Émile Léger. Dès lors, les soirées dans les camps prirent une tout autre allure.

À leur arrivée, chaque employé recevait un numéro de la compagnie. Il devait le remettre en partant au printemps. Roger a toujours gardé sa dernière épinglette en souvenir.

Finalement, les conditions de travail ont aussi connu d'importants changements. En 1934, l'Union catholique des cultivateurs a organisé à Rimouski un premier congrès consacré à la défense des bûcherons. Le journal *La Terre de chez nous* réservait une section aux travailleurs forestiers. En 1951, les gars employés par la Price Brothers Limited ont obtenu leur première convention collective. Cela dit, Roger n'a jamais entendu parler ni de l'UCC ni de convention. Il n'aurait, de toute façon, pas eu l'idée de demander mieux ou plus. Il a bûché jusqu'en 1956 pour la Consolidated Paper Corporation Ltd. Roger s'est toujours considéré comme bien traité, voire choyé.

Vers 1960, la Consolidated Paper Corporation rapatriait tous ses hommes pour les regrouper dans deux grands camps, à Casey et à Saint-Michel-des-Saints. La papetière mettait ainsi fin à tous ses contrats avec ceux qu'on appelait « les p'tits *jobbers* ». Quelques camps ont été récupérés par des propriétaires de club de pêche. D'autres ont été simplement abandonnés dans la forêt, qui a repris ses droits et en a effacé lentement les traces.

Camp abandonné en 1971 sur la rivière à Pierre.

CONCLUSION

J'AI VOULU RENDRE HOMMAGE à tous ces hommes qui ont travaillé, d'une noirceur à l'autre, sans jamais reculer devant l'énormité de leur tâche. Les bûcherons devaient faire vivre leur famille. Les plus jeunes, eux, rêvaient d'en fonder une. Ils n'avaient rien des surhommes. C'était des gens de chez nous, des gars comme Roger. Je salue aussi avec admiration ces femmes qui cuisinaient pour eux. Elles étaient des filles, des mères et des épouses, comme Colette.

À travers le témoignage de mes parents, c'est une page de l'histoire de Sainte-Émélie-de-l'Énergie, de Saint-Jean-de-Matha, de Lanaudière, des Laurentides et de la Mauricie qui s'écrit avant que ne disparaissent toutes les traces de ces camps de bûcherons.

En 1976, le premier ministre René Lévesque a dit: «Nous sommes quelque chose comme un grand peuple.» Il avait bien raison. C'est avec respect que j'ai suivi ces 30000 travailleurs qui montaient aux chantiers chaque année. Au-delà des statistiques, j'ai découvert leur débrouillardise, leur complicité, leur force et leur ténacité. Il faut les suivre dans leur vie quotidienne pour comprendre la fierté et la soif de vivre qui les habitaient.

La famille Beaudoin en 1982 : Roger, Nicole, Colette et Raymonde (affiche du spectacle).

Annexe 1

Spectacle *La vie dans les chantiers d'autrefois*

Représentations

1982

- 8 février : Institut Esther-Blondin, Saint-Jacques-de-Montcalm
- 25 mars : polyvalente des Chutes, Rawdon (matinées scolaires et représentation en soirée)
- 29 avril : polyvalente l'Achigan, Saint-Roch-de-l'Achigan
- 24 juin : auditorium de l'école Barthélemy-Joliette
- 20 août : salle de la municipalité de Sainte-Marie-Salomé
- 21 août : Musée chez Pépère, Sainte-Émélie-de-l'Énergie
- 16 octobre : salle paroissiale de Sainte-Béatrix
- 30 octobre : école Sacré-Cœur, Sainte-Émélie-de-l'Énergie
- 13 novembre : Hôtel La Glacière, Saint-Zénon
- 19 novembre : salle paroissiale de Saint-Michel-des-Saints
- 25 novembre : polyvalente l'Érablière, Saint-Félix-de-Valois (matinées scolaires et représentation en soirée)
- 27 novembre : Cabane à sucre chez Mailhot, L'Assomption

1983

- 4 juin : Bar La Cantine, Saint-Côme
- 11 juin : centre culturel et sportif Jean-Antoine-Leprohon, Sainte-Émélie-de-l'Énergie
- 1er octobre : atelier à la Librairie Martin, Joliette

Raymonde, Colette et Roger en répétition (1982).

1984

- 18 février : salle paroissiale de Saint-Damien-de-Brandon
- 2 mars : centre culturel de Joliette
- 18 avril : salle paroissiale de Saint-Ambroise-de-Kildare
- 11 et 12 mai : La Montagne Coupée, Saint-Jean-de-Matha
- 23 juin : fête nationale, Joliette
- 6 juillet : Festival de l'Artisan, Sainte-Marcelline
- Du 26 au 30 juillet : représentations pour la Corporation Québec 1984, salle Le Chaffaud, Percé

1991-2001

- 9 novembre 1991 et 30 juin 1992 : centre culturel et sportif Jean-Antoine-Leprohon, Sainte-Émélie-de-l'Énergie
- 11 mai 2001 : La Boîte à chansons, L'Assomption

2002

- 12 et 13 juillet : salle paroissiale de Saint-Zénon
- 26 octobre : centre communautaire de Sainte-Béatrix

2006

- 21 octobre : salle paroissiale de Saint-Ambroise-de-Kildare
- 28 octobre : L'Atelier à Sainte-Émélie-de-l'Énergie

Spectacle « La vie dans les chantiers », présenté en 2006.

ANNEXE 2

CHANSONS

C'est la dernière que l'on boira...

Quand j'ai rencontré mon vieux frère,
il était bien minuit moins quart.
J'ai dit à la ménagère,
dépêchez-vous, j'vais être en retard.
A bien fallu vider une bouteille,
et cela m'faisait bien plaisir.
Voilà minuit qui m'sonne aux oreilles,
je crois qu'il est temps de partir.

Versez, versez oh mon vieux,
tu es vraiment trop généreux,
ce n'est pas c'que j'te refuse,
c'est la dernière que l'on boira,
car si je reste trop longtemps là,
ma femme pourra croire que j'm'amuse.

Y s'fait du vin dans cette boutique,
on dirait-"y" qu'j'envie d'danser.
Pourquoi jouez-vous cette musique ?
Moi qui ne m'suis jamais vu valser.
Sautez, dansez la polka.
Si j'avais soif à ces jeux-là,
si j'avais l'temps j'prendrais quequ'chose.

Hélas, oh mon Dieu à qui donc je parle ?
Je n'me suis jamais répondu.
Je crois qu'il est temps que j'm'en aille,
ma femme pourra croire que j'ai bu.
Tiens dans ta main cette rose,
qui contient du bois d'château,
car si l'on raconte après tout,
que dans huit jours s'ra encore dimanche.

*Complainte de l'*Empress

(sur l'air de *Minuit, Chrétiens*)

C'était la nuit à petite vitesse
L'*Empress* glissait sur le fleuve géant
Quand retentit un grand cri de détresse
Un charbonnier a fait un trou béant
Par où l'eau entre pour noyer l'équipage
Et tous ces gens qui dorment profondément
Levez-vous tous on va faire un naufrage
Debout ! Debout ! On coule promptement (*bis*)

Quelques instants encore et l'*Empress* sombre
Horreur, horreur, des milliers vont périr
L'Hydre les guette au-dessous des flots sombres
Un gouffre affreux est là pour les saisir
Ç'en est donc fait, le fleuve est une tombe
Si un surnage, il est vite épuisé
Le Saint-Laurent se change en hécatombe

Prions, prions pour tous ces malheureux (*bis*)
Prions pour eux tombés au fond du fleuve
Pour tous ces morts laissant des êtres chers
Pour leurs enfants, pour le veuf et la veuve
Pour tous ceux qui sont sous les flots amers
Aux survivants, montrons-nous charitables
Portons secours à tous ces malheureux
Qu'un grand malheur a rendu misérables
Donnons, donnons pour être plus heureux (*bis*)

Complainte de Tom Nulty

(sur l'air du cantique *Aimable Saint*)

Au fond obscur d'une pauvre campagne
Vivait naguère un fermier irlandais
Sous son vieux toit, cinq enfants, sa compagne
Semblaient goûter (3) le bonheur et la paix

Un triste jour il quitta sa chaumière
Il se rendit au village voisin
À son départ, hélas, ne pensait guère
À son retour (3) trouver un assassin

Le fils aîné d'un infernal génie
S'arma soudain d'un instrument mortel
Sur ses trois sœurs dont la voix le supplie
Frappa sans trêve (3) au foyer paternel

Il veut encore une tendre victime
Son jeune frère à peine ses dix ans
Ah vil bourreau par un quadruple crime
Ôta la vie (3) à ces quatre innocents

« Que t'ai-je donc fait ô Thomas ô mon frère ?
Pourquoi frapper sur ton aimable sœur ?
Pourquoi brandir ta hache meurtrière ?
Pitié Thomas (3) j'ai connu ton bon cœur. »

« Non, non, jamais, j'ai juré qu'elle meure
Elle est de trop, il me faut place ici
Je veux, c'est dit, vider cette demeure.
D'autres encore (3) doivent périr aussi. »

« Arrête, Tom, ne frappe pas ton frère
Épargne-le, je veux le secourir
Laisse tomber ta hache meurtrière
Pitié Thomas (3), ne le fais pas mourir. »

« Pas de pitié pour toi plus que pour elles
Tu vas tomber sur le bord du chemin
Tiens, je t'immole, dans ma rage cruelle
Et vous allez (3) périr tous par ma main. »

– « Ô mon Thomas, épargne ton Hélène
Grâce et pitié, tu sais que je t'aimais. »
– « Pas de pitié, plus d'amour, c'est la haine
Vous épargner (3) non, mille fois, jamais. »

Et sur le coup le vil assassin frappe
Le sang jaillit sur le sol au foyer
Quatre à ses pieds, quatre, pas un n'échappe
Au fer cruel (3) du frère meurtrier

« Ô chers enfants, je vous revois sans vie
Vous qu'en partant j'ai laissé si joyeux
Quel vil brigand, quel infernal génie
Aurait commis (3) ce forfait odieux. »

Serait-il vrai que l'auteur de ces crimes
Serait mon fils que j'aimais tendrement ?
Ai-je nourri le frère et ses victimes ?
Quel sort cruel (3), quel chagrin, quel tourment !

Pauvres enfants. Betsy, Annie, Hélène
Tendre Patrick, vous trois que j'aimais tant
D'un deuil sans fin je vais porter la peine
Que perpétra (3) ce crime révoltant

Qu'entends-je, Tom, ta propre voix déclare
Que c'est ta main qui leur donna la mort
Enfant sans cœur et frère plus barbare
Pourquoi vous faire (3) si pénible tort ?

Devant tes pairs tu vas bientôt paraître
Tu répondras du sang que tu versas
Puisse le ciel, puisse l'auguste Maître
Te pardonner (3) ton forfait d'ici-bas

Il faut punir ce crime épouvantable
D'un assassin purger notre pays
Le meurtrier et les lâches coupables
Des yeux de tous (3) doivent être bannis

Malgré l'horreur que l'échafaud présente
Tu dois monter sur l'infâme gibet
Pour enseigner à la race présente
Quel châtiment mérite ton forfait

Les Raftmen

La yous' qui sont tous les *raftmen* (*bis*)
Dans les chantiers sont arrivés

Refrain :
  Bing sur la ring
  Bang sur la rang
  Laissez passer les *raftmen*
  Bing sur la ring bing bang

Mais par Bytown y sont passés
Des provisions y ont achetées

Canot d'écorce y sont montés
Dans les chantiers sont arrivés

Des manches de hache ont fabriqués
Ils ont joué de la cognée

Des *pork and beans* ils ont mangé
En plein courant se sont lancés

Avec l'argent qu'ils ont gagné
Sont allés voir la mère Gauthier

Sont allés voir la mère Gauthier
Et les grosses filles à marier

La fille d'Alban

(Jean-Claude Mirandette)

M'a vous conter l'histoire d'une fille
Qui est montée dans les chantiers
A s'est engagée pour Philias Dulac
Faisait du bois en Ontario
Montait là-bas avec quarante gars
Des gars renommés pour leurs gros bras

La fille d'Alban au mois de novembre
Paqu'ta ses p'tits jusqu'au printemps
Faire *cookerie* pour une piastre par jour
Nourrie, logée, quossé qu'y a d'mieux
Pour oublier son bel amant
Perdu aux mains d'une fille en fleur

N'eut pas été rendue là-bas
Qu'l'ennui l'a prise par les deux pieds
Pour passer l'temps après l'souper
Au lieu d'jouer aux cartes, s'mit à giguer
Les poux tombaient sur le plancher
Et vous dansaient un set carré

Un mois plus tard toujours dans l'camp
Quand y fait brin y faut s'lever
Les hommes au bout d'leu *bed*
Enfilent culottes pi liment leu' sciotte
La fille d'Alban, elle dans cantine
Fait cuire les œufs, le lard, les *beans*

C'est pas ben drôle la vie d'une fille
D'passer l'hiver dans un chantier
Laver ces hommes su'a planche de bois
Avec du savon faite maison
Que c'ta dont pas qu'la p'tite aria
D'faire le lavage dans ces temps-là

Au troisième mois d'la *run* de bois
Les hommes s'ennuient d'leus p'tites gaillespètes
Le grand Trudel qui t'la r'luqua
With ses promesses il l'enjola
Un p'tit coup d'gouffe durant veillée

Le quinze de mars chantier fermé
Une fois le *stock* tout rapaillé
Les gars s'en r'tournent chez eux
D'l'argent plein poches pis l'cœur heureux
La fille d'Alban pi l'grand Trudel
D'sour la peau d'ours s'font des mamours
Sont descendus en p'tit boghei
Tout dret église pour se marier

Petit écureuil

(chantée par Lucien Beaulieu sur l'air du *Reel du coq*)

Des culottes de femmes barrées
Fendues dans la raie carrée
Trou du cul pointu
C'est un vilain défaut
On ne peut pas toujours
Se torcher comme y faut
Petit écureuil grimpé « d'in » épinette
Rabats-toi donc la queue
Tu vas attraper du fret.

Annexe 3

STATISTIQUES

Superficie des forêts du Québec:

- 1943: 351 873 milles carrés. Près de 75 % du territoire québécois.
- 1973: 163 000 milles carrés (la moitié moins). 56 % des forêts sont exploitées ou concédées à huit grandes compagnies.

Les forêts québécoises renferment 125 essences commerciales.

Nombre de bûcherons au Québec en regard de la population selon Statistique Canada:

- 1941
  Population du Québec: 971 485 hab.
  Bûcherons: 28 898

- 1951
  Population du Québec: 1 130 194 hab.
  Bûcherons: 31 742

En 1962, l'Union catholique des cultivateurs avançait le nombre de 70 000 travailleurs forestiers, bûcherons, contremaîtres et mesureurs.

Vaisselle et galettes de chantiers.

Annexe 4

MENU AU CAMP CHEZ SÉVÉRIN ST-GEORGES

- Gruau cuit
- Galettes blanches avec de la *jam*
- Galettes à l'avoine et aux raisins
- Galettes à la mélasse
- Pouding-chômeur
- Pain
- Tartes aux pommes séchées, aux raisins, à la mélasse et au gruau
- Macaroni aux tomates
- *Beans* au lard et parfois du *baloné*
- Soupe aux vermicelles, au riz ou aux pois
- Lard salé
- Meules de fromage cheddar

Avec l'arrivée des grands froids, l'hiver :

- Macaroni au bœuf
- Bœuf
- Rôti de porc
- Bœuf bouilli avec des patates
- Pâté juif (bœuf au four avec tomates et patates)

Annexe 5

RECETTES

Galettes à la mélasse

- ½ tasse de cassonade
- 1 tasse de mélasse
- ½ tasse de graisse
- ¼ tasse de lait
- 1 c. à thé de soda
- 2 c. à thé de gingembre
- 3 tasses de farine
- 3 c. à thé de poudre à pâte

Cuire à 375 °F environ 25 minutes.

Galettes blanches

- 1 tasse de graisse
- 1 tasse de sucre
- 2 tasses de cassonade
- 2 tasses de lait
- Vanille
- 5 ¼ tasses de farine
- Une pincée de sel
- 3 c. à soupe de poudre à pâte
- 1 c. à soupe de soda à pâte
- Déposer à la cuillère sur une tôle graissée.

Garnir de *jam* (confitures) au centre du biscuit.
Cuire à 375 °F.

Fèves au lard

Faire tremper toute la journée, rincer et faire bouillir 2 livres de haricots secs.

- 1 ½ tasse de graisse ou du lard salé
- 1 tasse de cassonade
- 2 c. à thé de sel
- Gingembre
- Moutarde sèche

Recouvrir d'eau et cuire à feu doux toute la nuit.

Pancakes (après les années 1950)

- 4 œufs
- 1 tasse de lait
- ¾ tasse de sucre
- 1 tasse de farine
- 3 c. à thé de poudre à pâte
- 1 c. à thé de soda

La pâte était préparée la veille et cuite le matin avec du *shortening* (graisse végétale).

Tarte au gruau

- 1 tasse de flocons d'avoine
- 4 tasses de cassonade
- 1 tasse de lait
- 1 morceau de beurre
- Vanille

Cuire en brassant pour faire fondre la cassonade. Refroidir et verser dans une abaisse de tarte.
Cuire au four à 375 °F.

Pouding-chômeur

- 1 tasse de cassonade
- 2 tasses de farine
- 3 c. à thé de poudre à pâte
- Pincée de sel
- 1 tasse de lait
- 1 c. à soupe de beurre

Verser la pâte dans un moule graissé.

Sirop
2 tasses de cassonade, 1 tasse d'eau chaude, du beurre et de la vanille. Verser ce sirop sur la pâte.
Cuire à 375 °F, environ 1 heure.

ANNEXE 6

JOBBERS À SAINT-CÔME SOUS CONTRAT AVEC THINKLER EN 1941

Chertsey: Théodore Riopel

Sainte-Béatrix: Ti-Rouge Beaudry, André Loyer, Léo Arbour et Rolland Miron

Saint-Côme: Joseph Thériault, Hervé Chayer, Lionel Laforest et Hildège (le Pit) Mireault

Saint-Donat: Mendoza Riopel, Rosaire Villeneuve et Willie Ritchie

Sainte-Émélie-de-l'Énergie: Philibert Robitaille et Philibert Beaudry

Saint-Félix-de-Valois: Ludger Charbonneau

Saint-Jean-de-Matha: Pit Roberge, Joseph Geoffroy, Georges Gravel, Ti-Jos Breault, Pierre Beaulieu et Sévérin St-Georges

Saint-Michel-des-Saints: Louis St-Georges

Rawdon: Willie Rodrom

Autres villages: Rosaire Gagnon, Félix Bruneau et Arthur Bordeleau

Annexe 7

ROGER SALUE LES GARS

Baie-du-Febvre : Tassé

Brownsburg : Wilfrid Perrier

Charlemagne : Albert, Antonio, Robert et Paul Desjardins

Disraeli : Beauchesne, Gauthier et Mailhot

Ferme-Neuve : Venne

Gaspé : Paul Huard

Joliette : William Coderre, Germain Fisette et Sylva Lafond

L'Assomption : Dumais, Ethier et Petit

Montréal : Germain, Paul Dionne et ses deux frères

Pierreville : Marcel et Albert Gill

Rivière-du-Loup : Malenfant, Morneau et Saint-Pierre

Sainte-Émélie-de-l'Énergie : Arbour, Aumont, Beaudoin, Beaudry, Beaulieu, Béland, Coutu, Desroches, Ducharme, Dumais, Durand, Hénault, Lépine, Racette, Robillard, Rondeau, Tellier, Tessier

Sainte-Béatrix: Beaudry, Loyer, Miron et Prud'homme

Saint-Côme: Bordeleau, Beaudry, Chaussé, Gagné, Larochelle, Lepage, Morin, Mireault, Riopel, Rivest, Thériault et Venne

Saint-Élie-de-Caxton: Brodeur Garand et Ouimet

Saint-Félix-de-Valois: Albert Dauphin, Desrosiers, Charbonneau, Laporte, les frères Rainville et les frères Tessier, Donat, Germain et Raoul

Saint-Georges de Beauce: Raymond Loubier, Noël et Omer Roy

Saint-Jean-de-Matha: Archambault, Durand, Geoffroy, Héroux, Landreville, Lippé, Rivest, Rainville, Roberge, Robitaille et Rondeau

Sainte-Mélanie: Bernard et Denis Nadeau

Saint-Michel-des-Saints: Beauséjour, Bellerose, Champoux, Charette, Dubé, Ethier, Gouin, Gouger, Laforest, Lanoue, Marcil, Provost, Racine, St-Georges, Valade

Saint-Roch-de-Mékinac: Aurèle Deslauriers et Jean-Paul Dumont

Saint-Zénon: Champagne, Charette, Dulac, Gouin, Lafrenière, Rivest, Rondeau et St-Georges

Annexe 8

RAPIDES DE LA RIVIÈRE NOIRE

Les sept chutes de Sainte-Émélie-de-l'Énergie

Le chemin du Nord de Sainte-Émélie-de-l'Énergie vers Saint-Zénon longe la rivière Noire dans tous ses caprices. Monsieur Lépine en connaissait tous les secrets, lui qui avait sa maison en bordure de cette rivière. Les anciens avaient bien identifié les sept chutes, dont les six premières sont situées sur le territoire de Sainte-Émélie-de-l'Énergie. Les chutes de la Scie ronde et du Curé étaient les plus dangereuses pour la drave.

- La chute à Brunelle
- La chute du Galet jaune
- La chute du Cheval blanc
- La chute de la Scie ronde
- La chute du Curé
- La chute du Tomberau
- La chute du Voile de la mariée (dans Saint-Zénon)

Drave en Mauricie. Ouverture du barrage sur le lac Fichaud. Les criques allaient rejoindre la rivière Ruban pour se jeter dans le Saint-Maurice.

Annexe 9

RAPIDES DE LA MATAWIN

1. Lac des Pins
2. Rapide de l'Île-de-France (en bas du lac Ignace)
3. Rapide Saindon
4. Rapide de la Croix (en haut du lac Taureau)
5. Rapide de la Cenelle
6. Rapide du Taureau (au printemps, l'eau montait à 7 pieds au-dessus de la normale)
7. Rapide du Baril vide
8. Rapide de l'île Verte
9. Rapide des Cèdres
10. Rapide de l'île Sèche
11. Rapide du Jouk-à-bœuf
12. Rapide des Grandes Presses (ne se sautait pas) et la Petite Presse (le plus à pic de la Matawin)
13. Rapide de la Chienne et celui du Gros Chien
14. Rapide de l'Arachi avec, à sa droite, La Grande porte de l'Enfer et, à gauche, Les Petites (à risque). Ici, la Matawin se divise en deux. La Grande porte étant trop risquée, on construisit un barrage. Les pitounes devaient aller à gauche.
15. Rapide de l'Aigle (nombreux rats d'eau et fraises)
16. Cascade de la Pointe
17. Rapide Pins rouges
18. Rapide du Galet
19. Rapide des Ours
20. Rapide des Crapauds

21. Chute de la Grand-mère
22. Rapide des Graham (dangereux : grosse houle)
23. Rapide du Bouleau
24. Rapide des Petits Cinq
25. Rapide du Grand Cinq (5 milles de longueur)
    - Cascade des Galets
    - Cascade croche
    - Cascade de la Charrue
    - Roche américaine
    - Campement des morts
    - Cascade à Hall

Entrevue avec Salomon Lépine, 1981

ANNEXE 10

DES DOCUMENTS

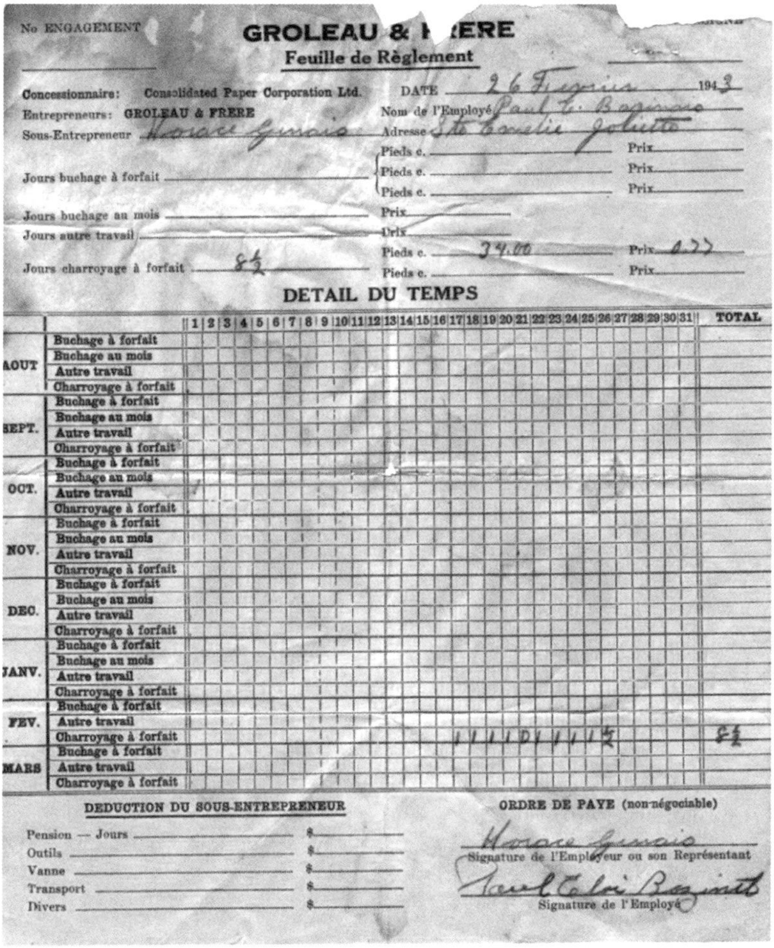

No ENGAGEMENT

GROLEAU & FRERE

Feuille de Règlement

Concessionnaire: Consolidated Paper Corporation Ltd.

Entrepreneurs: GROLEAU & FRERE

Sous-Entrepreneur Horace Gervais

DATE 26 Février 1943

Nom de l'Employé Paul E. Bazinet

Adresse Ste Emelie Joliette

Pieds c. Prix

Jours buchage à forfait Pieds c. Prix

Pieds c. Prix

Jours buchage au mois Prix

Jours autre travail Prix

Pieds c. 34.00 Prix .77

Jours charroyage à forfait 8½ Pieds c. Prix

DETAIL DU TEMPS

		1	2	3	4	5	6	7	8	9	10	11	12	13	14	15	16	17	18	19	20	21	22	23	24	25	26	27	28	29	30	31	TOTAL
AOUT	Buchage à forfait																																
	Buchage au mois																																
	Autre travail																																
	Charroyage à forfait																																
SEPT.	Buchage à forfait																																
	Buchage au mois																																
	Autre travail																																
	Charroyage à forfait																																
OCT.	Buchage à forfait																																
	Buchage au mois																																
	Autre travail																																
	Charroyage à forfait																																
NOV.	Buchage à forfait																																
	Buchage au mois																																
	Autre travail																																
	Charroyage à forfait																																
DEC.	Buchage à forfait																																
	Buchage au mois																																
	Autre travail																																
	Charroyage à forfait																																
JANV.	Buchage à forfait																																
	Buchage au mois																																
	Autre travail																																
	Charroyage à forfait																																
FEV.	Buchage à forfait																																
	Autre travail																																
	Charroyage à forfait																	1	1	1	1	D	1	1	1	1	½						8½
MARS	Buchage à forfait																																
	Autre travail																																
	Charroyage à forfait																																

DEDUCTION DU SOUS-ENTREPRENEUR

Pension — Jours $

Outils $

Vanne $

Transport $

Divers $

ORDRE DE PAYE (non-négociable)

Horace Gervais

Signature de l'Employeur ou son Représentant

Paul Eloi Bazinet

Signature de l'Employé

Feuille de règlement, 1943
Détail du temps pour le charroyage

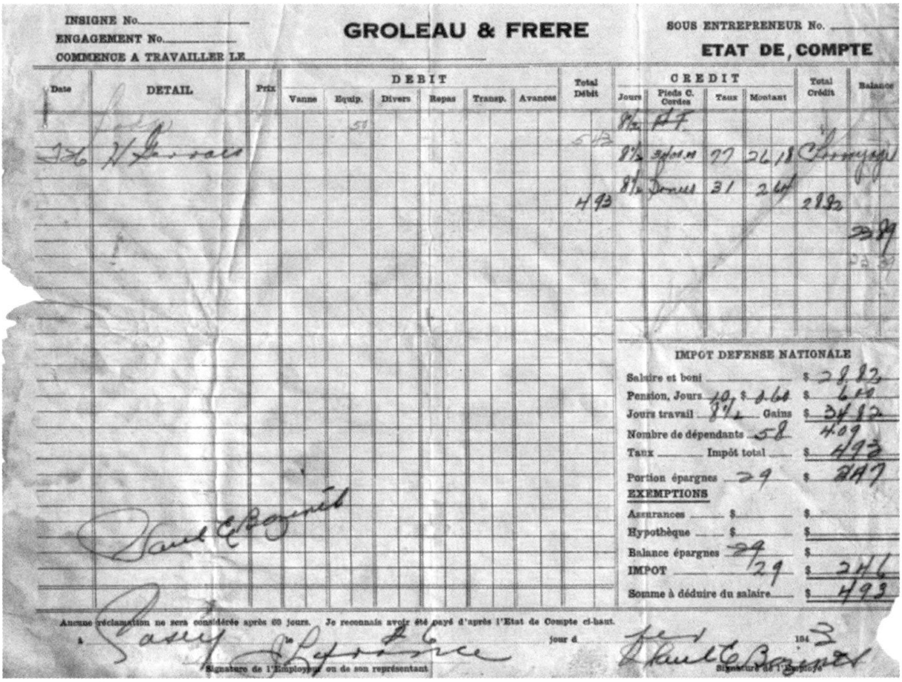
INSIGNE No.
ENGAGEMENT No.
COMMENCE A TRAVAILLER LE

GROLEAU & FRERE

SOUS ENTREPRENEUR No.
ETAT DE COMPTE

Date	DETAIL	Prix	DEBIT Vanne	Equip.	Divers	Repas	Transp.	Avances	Total Débit	CREDIT Jours	Pieds C. Cordes	Taux	Montant	Total Crédit	Balance
										8½					
										8½		77	26 18		
										8½	bonus	31	2 64		
									4 93					28 82	
															23 89

IMPOT DEFENSE NATIONALE
Salaire et boni $ 28 82
Pension, Jours 10 $ 2.60 $ 6 00
Jours travail 8½ Gains $ 34 82
Nombre de dépendants 5 8 $ 4 09
Taux Impôt total $ 4 93
Portion épargnes 2 9 $ 2 47
EXEMPTIONS
Assurances $ $
Hypothèque $ $
Balance épargnes 29 / 29 $
IMPOT $ 2 46
Somme à déduire du salaire $ 4 93

Aucune réclamation ne sera considérée après 60 jours. Je reconnais avoir été payé d'après l'Etat de Compte ci-haut.
à Sasey le 26 jour de fev 1943
Signature de l'Employeur ou de son représentant
Signature de l'Employé

État de compte, 1943
Feuille de temps du charretier Horace Gervais
- *Le salaire et le « bonus »*
- *Les déductions : pension et impôts*

Signé par le boss, *monsieur Paul-Éloi Bazinet, à Sainte-Émélie-de-l'Énergie, le 26 février 1943*

ANNEXE 11

CARTES

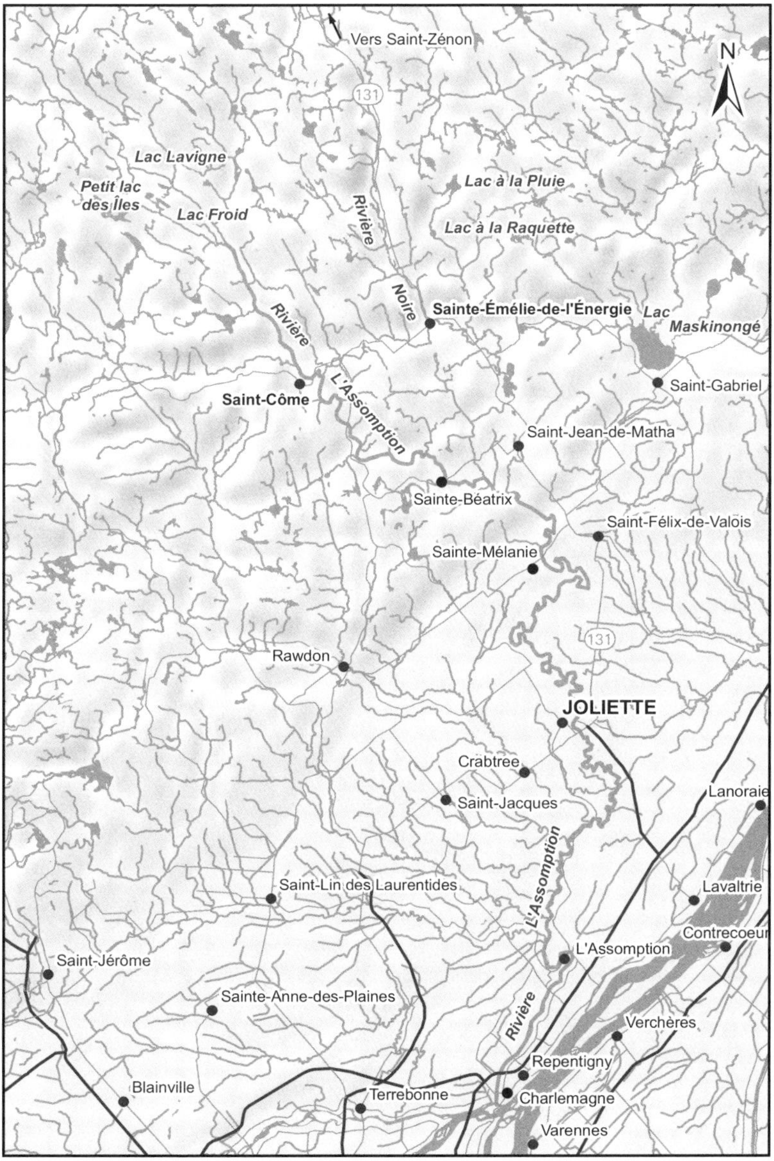

Carte 1 • Lanaudière

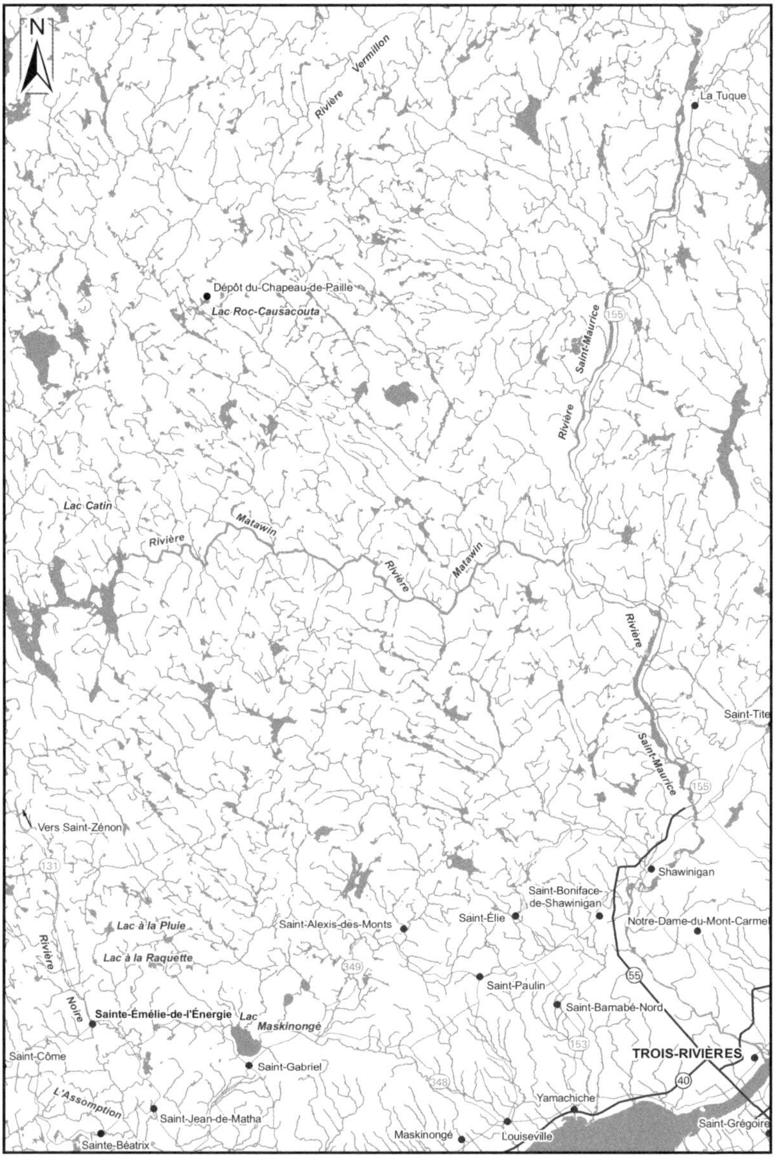

Carte 2 • La Mauricie

ANNEXE 12

TABLEAU D'ÉQUIVALENCES

Mesures de distance:

1 mille:	1,6 km
12 milles:	19 km
62 milles:	99,7 km

Une sleigh:

Longueur 24 pi X largeur 6 pi X hauteur 6 pi
7,3 m X 1,8 m X 1,8 m

Corde de bois:

Longueur 8 pi X largeur 4 pi X hauteur 4 pi
2,4 m X 1,2 m X 1,2 m
128 pi^3: 3,6 m^3

Une pitoune:

Diamètre de 7 pouces: 17,7 cm
Poids de 40 à 50 lb: 18 à 22 kg
Diamètre de 20 pouces: 50,8 cm
Poids de 300 à 350 lb: 136 à 158 kg

Les recettes:

1 tasse:	250 ml
1 c. à thé:	5 ml
1 c. à soupe:	15 ml
1 livre (lb):	453,5 g
100 lb:	45 kg
375 °F	190 °C

BIBLIOGRAPHIE

BERTHELOT, Hector. *Le Bon Vieux temps*, Montréal, Librairie Beauchemin ltée, 1924.

BUIES, Arthur. *L'Outaouais supérieur*, Québec, imprimé par C. Darveau, 1889.

FERRETTI, Lucia. *La Brève histoire de l'Église catholique au Québec*, Montréal, Boréal, 1999, 203 p.

FORTIN, Claire-Andrée. *Travailleurs forestiers en Mauricie au XIXe siècle*, Mémoire présenté à l'UQTR, septembre 1983.

GAUVREAU, Jean-Marie. *Secrets et ressources des bois du Québec*, Montréal, Fides, 1943.

HAMELIN, Jean, et Jean PROVENCHER. *Brève histoire du Québec*, Montréal, Boréal, 2004.

HAMELIN, Jean. *Le Canada français: son évolution historique, 1497-1967*, Trois-Rivières, Boréal Express ltée, 1967.

LA PRESSE, Montréal, 5 février 1898.

LE DEVOIR, Montréal, 19 juillet 1943.

LE NOUVELLISTE, Trois-Rivières, 1934.

MARTIN, James-W. *Description des cantons arpentés et des territoires explorés de la province de Québec*, Québec, novembre 1855.

PROVOST, Théophile-Stanislas. *La Bourse et la Vie*, Joliette, Imprimerie du Collège de Joliette, 1883.

RESSOURCES NATURELLES QUÉBEC. *Le ministère des Ressources naturelles et de la Faune: une histoire à l'échelle du Québec* (http://www.mrn.gouv.qc.ca/ministere/historique/index.jsp).

ROBIDOUX, Léon A. *Les « Cageux »*, Montréal, Éditions de L'Aurore, 1974.

RUMILLY, Robert. *Histoire de la province de Québec*, Montréal, Fides, 1958.

Séguin, Robert-Lionel. *Récits de forestiers*, Montréal, Presses de l'Université du Québec, 1976.
St-Georges, Madeleine. *St-Michel-des-Saints et Haute-Matawinie*, Collection Société d'histoire de Joliette, De-Lanaudière, éd. Les Éditions histoire du Québec, p. 60.
Union catholique des cultivateurs. *L'UCC à la défense des bûcherons*, 1962, 10 p.

CRÉDIT DES PHOTOGRAPHIES

P. 11 : Colette en répétition (1982), par Edmond Venne ; **p. 12 :** Roger en répétition avec pitoune (1982), par Edmond Venne ; **p. 14 :** Au camp chez Zénon Charette, photo : Colette St-Georges ; **p. 19 :** Au lac Koël à Sainte-Émélie-de-l'Énergie, monsieur Oscar Lépine à son camp. Don d'Émilien Beaudoin **p. 21 :** Athanase Bazinet et son épouse Mélina Plouffe au camp d'Emmanuel Hénault de Sainte-Émélie-de-l'Énergie. Madame Hénault est assise (1928). Don de la famille Renée Hénault et Jules Durand ; **p. 22 :** Charroyage avec attelage simple. Don de Blanche Bazinet ; **p. 25 :** Au lac Clair à Saint-Michel-des-Saints, Marie-Louise Bélanger (1914). Don de Florida Prud'homme ; **p. 26 :** Groupe de bûcherons en 1916. Don de Florida Prud'homme ; **p. 27 :** Roule de billots (crique Scheller, 1935). Don de Blanche Bazinet ; **p. 28 :** Charretiers, chevaux et *sleighs* pour le charroyage des billots (crique Scheller, 1935). Don de Blanche Bazinet ; Charroyage avec attelage simple (crique Scheller, 1935). Don de Blanche Bazinet ; **p. 29 :** De Sainte-Émélie-de-L'Énergie, le charretier Lionel Blais sur un voyage de billots tiré par le Diamond du *jobber* Beaudoin (crique Scheller, 1935). Don de Blanche Bazinet ; **p. 31 :** Groupe de bûcherons devant la *cookerie* en 1940 au Chapeau-de-Paille par Roger Beaudoin ; **p. 33 :** Sévérin St-Georges et son épouse Émilianna Roy de Saint-Jean-de-Matha au Crique-des-Îles à Saint-Côme, 1942, par Colette St-Georges ; **p. 36 :** À Mont-Laurier, au camp d'en haut sur le chemin de *truck* chez Léo Beaudry, en 1947. Don de Roger Beaudry ; **p. 38 :** *Cookerie* du Crique-des-Îles à Saint-Côme en 1941. Photo de Colette St-Georges ; **p. 40 :** Albert Dauphin de Saint-Félix-de-Valois, au lac Catin en 1944. Photo de Roger Beaudoin ; **p. 42 :** Léopold Prud'homme et Marius Gilbert devant la boutique de forge au camp chez

Sévérin St-Georges, par Colette St-Georges; **p. 43:** Marven McPhilip et Roger Beaudoin devant la *shed* à bois au lac Causacouta en 1942. Don de Roger Beaudoin; **p. 44:** Stanislas Beaudoin devant l'*office* où il vivait avec sa femme Blanche et leur fils Jean-Paul, par Roger Beaudoin; Les bûcherons Roland Landreville, Louis-Georges Roy, Valbert Robillard, Lucien Beaulieu, Donat Lépine et Albertin Rondeau en 1941, par Roger Beaudoin; **p. 48:** Émilianna Roy à l'automne 1942, par Colette St-Georges; **p. 50:** Les frères Dionne, Florian Lépine, Jos Morneau et, loin derrière, Paul Duval en 1940, par Roger Beaudoin; **p. 51:** Jos Lépine, Antonio Thériault, Roméo St-Georges, Benoit Malenfant, Viateur Robillard (tenant un brochet), Joseph Morneau, Jules Dulac, le *cook* Ernest Lapointe, Raymond Béland, Donat St-Georges, Léo Robillard et Robert Desjardins en 1939, par Roger Beaudoin; **p. 53:** Colette St-Georges en 1941; **p. 55:** Colette à gauche, sa mère Émilianna, Rachel Charrette et Adrienne Ducharme. Devant les fillettes de Colette et Roger, Christiane et Raymonde en 1953-1954, par Roger Beaudoin; **p. 56:** Roger Beaudoin; **p. 59:** Florian Lépine en 1942, par Roger Beaudoin; **p. 61:** Viateur Robillard en 1940, par Roger Beaudoin; **p. 62:** Roger et Viateur Robillard en 1940, par Roger Beaudoin; **p. 63:** Étampage avec Lionel Beaulieu, Valbert Robillard, Roger Beaudoin et Louis-Georges Roy en 1941, par Roger Beaudoin; **p. 64:** Lionel Beaulieu et Florian Lépine avec leur étampe, par Roger Beaudoin; **p. 65:** Roger Beaudoin fier de son travail; **p. 67:** De Saint-Côme, Laurianne Thériault et son jeune frère Denis apportent le lunch aux hommes. Elle cuisinait pour son père. Ses frères Gérard et Henri scient sur la garde. Julien Gagnon, le pileur, retient son cheval, au lac Lavigne. Don de Laurianna Thériault; **p. 68:** Garde en haut d'un ravin de R.B. Roger travaillait avec Laurent et Roméo Beaulieu à Saint-Michel-des-Saints, automne 1945, par Roger Beaudoin; **p. 69:** Sylvio Rondeau se tient debout sur une garde au crique Brûlé à Saint-Michel-des-Saints au dépôt Bouteille, par Roger Beaudoin; **p. 71:** Roger Beaudoin scie sur la garde. Adrien Brazeau pile avec son cheval et Donat St-Georges bûchait pour eux dans le bois, par Roger Beaudoin; **p. 72:** Le premier à gauche est le *jobber* Stanislas Beaudoin. On peut y reconnaître Aldéo Robillard, Jules Durand de Sainte-Émélie-de-l'Énergie, Marven Mc Philip, les frères Rainville de Saint-Félix-de-Valois, les frères Marcel et Pierre Gil de Pierreville et messieurs Picard, Dubé et Baril. L'homme au chandail blanc se cachait au camp. Il aidait les *guidis* pour les chemins. D'après Roger, il s'agissait d'un écrivain, par Roger Beaudoin; **p. 74:** Le *shoboy* revient avec du bois de chauffage, au lac Catin, par Roger Beaudoin; **p. 75:** Théodore Beaudry de Sainte-Béatrix mieux connu comme encanteur. Don de Rolland Beaudry; **p. 76:** Le mesureur Provost de Saint-Michel-des-Saints est à genoux. Il donne les mesures à son assistant, Gérard Rivest, qui «talait». Don de Gérard Rivest; **p. 77:** Les bûcherons Maurice Généreux, Donatien Héroux et Marcel Généreux de Saint-Jean-de-Matha semblent très fiers de leur coup. Une telle corde est impensable sans l'appui d'un cap en arrière. Don de Rolland Héroux; **p. 78:** (haut), Roger, Roch Ethier, Valbert Robillard, Gaspard Denis, Donat Lépine et Lucien Beaulieu en 1941; (bas), Roger, René Beaulieu, Henri Thériault et Maurice Dumais en 1944. **p. 82:** Roger au dépôt Chapeau-de-Paille avec ses *breeches* en 1940; **p. 83:** Colette et ses filles Christiane et Raymonde au camp chez Zénon Charrette à Saint-Michel-des-Saints, par Roger Beaudoin; **p. 84:** Ensemble de camps au crique Brûlé, dépôt Bouteille, 1946; **p. 86:** Au camp chez Stanislas Beaudoin en 1940, Moïse Boisvert, Roch Éthier, Roméo Beaulieu, Sylva Lafond de Joliette, Eddy Baril de Val-Alain et Raymond Béland, par Roger Beaudoin; **p. 87:** *Dump* du Lac Catin, par Roger Beaudoin; **p. 88:** Roger pose sur les *sleighs*; Raymond Béland a conduit cet attelage double à Mont-Laurier. Don de Roger Beaudry; **p. 89:** Monsieur Joseph Thériault fait préparer un chemin de glace. Don de Laurianna Thériault; **p. 90:** *Sleighs* au lac Catin, par Roger Beaudoin; À Saint-Côme, les frères Thériault sortent de la forêt avec une demi-charge. Don de Laurianna Thériault; **p. 91:** Charretier sur le chemin du lac

Catin, par Roger Beaudoin; **p. 92:** Donatien Héroux de Saint-Jean-de-Matha se tient en haut de la *slide*. Au camp chez André Loyer au lac au Loup. Don de Rolland Héroux; **p. 94:** En 1941, le camion, un Chevrolet 1939, était la propriété de Jean-Paul Dumont. Stanislas Beaudoin avait fait corder tout le bois sur le chemin de *truck* en prévision du charroyage, par Roger Beaudoin; **p. 95:** Grosse *dump* sur le crique Causacouta, 1941, par Roger Beaudoin; **p. 96:** 1982, photo d'Edmond Venne; **p. 99:** Roger Beaudoin lisait un dimanche après-midi; **p. 106:** Origine et date inconnues, « Une messe dans un camp de bûcherons », don de Raynald Bilodeau de Lévis. Observations de Marie-Noëlle Labrie-Klis (costumière); **p. 108:** « Une Messe de minuit dans un chantier d'autrefois » signée en 1927 par Edmond-Joseph Massicotte (1875-1929); **p. 112:** Jean-Marie Neveu en 1940 à Saint-Ambroise-de-Kildare. Don de Michelle Neveu; **p. 114:** Le charretier Alcide Éthier au camp chez Léo Beaudry en 1948. Don de Roger Beaudry; **p. 116:** Au lac Laroche à Saint-Côme. Émile Desroches de Sainte-Béatrix au camp chez André Loyer en 1942. Don de Cécile Desroches; **p. 119:** Gaston Charrette (veston blanc à carreaux) avec Léo Arbour et Rolland Beaudry de Sainte-Béatrix. Don de Rolland Beaudry: **p. 120:** À Casey, chez Groleau. Don de Georges-Émile Bazinet; Rolland Beaudry, au lac Supérieur, camp chez André Loyer, en 1946. Don de Rolland Beaudry; **p. 122:** Le maître-draveur Albert Champagne, Ti-Clou, de Saint-Zénon se tient fièrement sur le barrage à l'automne. Don de Bernard Champagne; **p. 123:** À Casey, le *boss* Brodeur Garand travaille avec sa gaffe, par Roger Beaudoin; **p. 124:** Sur le déversant du lac Morisset: les pitounes ont été projetées de chaque côté du ruisseau. Don de Laurianna Thériault; **p. 125:** À Sainte-Béatrix dans le rang Sainte-Cécile sur la rivière L'Assomption. Dans la barge de gauche, Georges Aumont et monsieur Dubeau, et Philibert Coutu devant eux. Au centre, entre les deux *boats*, Gaspard Coutu. Laurianna Thériault les accompagnait. Don de Laurianna Thériault; *Boat* à quatre rameurs pour le transport du matériel. Don de Salomon Lépine; **p. 126:** Campement de draveurs érigé sur le bord de la rivière. Don de Gaspard Coutu; **p. 130:** Les draveurs contournent une *jam* avec leur *boat*, par Salomon Lépine; **p. 131:** *Jam* au milieu de la rivière Matawin, par Salomon Lépine; **p. 132:** Dynamitage d'une *jam* sur la rivière Matawin, par Salomon Lépine; **p. 133:** Drave sur les grandes eaux, par Salomon Lépine; **p. 134:** *Jobber* pour les chantiers et *boss* de drave, Stanislas Beaudoin avec son fils Jean-Paul. Don de Blanche Bazinet; **p. 136:** Médaille de la Consolidated Paper Corporation Ltd., 54: numéro d'employé de Roger Beaudoin, photo de Michel Lafortune; Camp abandonné, photo et don de Raynald Bilodeau de Lévis. En 1971 sur la rivière à Pierre; **p. 138:** En 1982, affiche de la Famille Beaudoin pour le spectacle *La vie dans les chantiers*, photo de Michèle Laurin; **p. 140:** Raymonde à la guitare, 1982, photo d'Edmond Venne; Colette et Roger en répétition en 1982, photos d'Edmond Venne; **p. 142:** Colette chante accompagnée par Jean-Claude Mirandette, 2006, par Nicole Beaudoin; **p. 166:** Drave en Mauricie. Ouverture du barrage sur le lac Fichaud. Les criques allaient rejoindre la rivière Ruban pour se jeter dans le Saint-Maurice, 1941, Roger Beaudoin.

GLOSSAIRE

Approuvement : préparatifs effectués à l'automne en vue de la drave du printemps suivant : barrage, nettoyage des berges et coupe de branches

Backwaters : retour de l'eau qui frappe une roche de front

Bacul : pièce transversale de l'attelage d'un cheval

Bad luck : malchance

Baloné : saucisson de Bologne

Beam : poutre

Beans : haricots blancs secs cuits avec du lard et de la mélasse

Bécosses : toilettes extérieures, de l'anglais *backhouse*

Bed : lit

Boat : barge à fond plat utilisée pour la drave

Bonque : pièce mobile à l'avant d'une *sleigh* qui retient la charge

Boom : long billot qui retient le bois flottant

Boss : patron

Bot : base d'un arbre par opposition au top (faîte)

Bouilleux : mauvais cuisinier

Breeches : pantalon de laine

Bûchage à la mitaine : bûchage seul avec une sciotte

Bûchage à la garde: bûchage en équipe sur une garde

Bûcheux: bûcheron

Cache: dépôt de marchandises de la compagnie

Cale: billot d'épinette fendu en deux

Cashorder: avance de fonds

Casse-tête: petite hache légère portée à la ceinture

Catin: poteau sur la *sleigh* qui retient le bois

Chaise de barbier: mouvement de recul d'un gros arbre trop penché qui fend avant d'être complètement coupé

Charroyage: transport des billots ou des pitounes

Châssis: fenêtre

Chaussée de castors: barrage de castors

Chemin de truck: chemin qui permet la circulation des véhicules motorisés et non seulement des *sleighs*

Chenal du rat: canal formé par la déviation de l'eau sur un obstacle ou une jam

Chicot: reste d'une branche, d'un tronc brisé, coupé ou brûlé

Chums: copains

Clairer: 1) nettoyer un espace autour d'un arbre à abattre; 2) ou congédier un employé

Claireur: travailleur qui ébranchait l'arbre et marquait la longueur des billots pour le scieur

Commissions: emplettes

Contracteur: contractant, entrepreneur

Cook: cuisinier

Cookerie: cuisine et cantine

Crique: masculin, signifie l'élargissement d'un cours d'eau

Cup: écuelle de bois faite dans le nœud d'un arbre

Dam: barrage

Devant de boat: maître-draveur installé en avant du boat, habituellement le chef d'équipe

Diable: séchoir personnel constitué de branches horizontales fixées à une gaule

Dish: tasse utilisée par les hommes pour boire de l'eau

Drum: baril de 45 gallons (202 litres)

Dump: endroit prévu pour le charroyage des billots sur un lac ou sur un cours d'eau afin que le bois soit dravé à la fonte des neiges; décharge

Foreman: patron, contremaître

Fraise: forme que prend l'eau qui remonte en fontaine

Gaffe: longue perche munie d'un crochet et d'une pique à un bout utilisée par les draveurs

Garde: endroit où le scieur coupe le bois et le corde, soit au bas d'une côte, sur un chemin ou près d'un ruisseau qui allait être dravé

Gardien de tête: responsable d'un barrage

Gars de boat: un draveur derrière et un devant chargés de pousser la pitoune ou de défaire les *jams*

Grub: instrument large pour nettoyer les chemins

Gruber: enlever les souches, nettoyer les chemins et apporter de la terre pour les égaliser

Guibou: poche de jute bourrée de foin qui permettait aux charretiers de s'asseoir sur les voyages de pitounes

Guidi: ou ti-guidi (chickadee), préposé à l'entretien des chemins

Habitant: au Québec, fermier, cultivateur

Helper: homme payé à la journée pour aider les charretiers sur le charroyage

Hurlot: travailleur qui ramassait les pitounes et les billots qui s'étaient retrouvés sur le côté de la rivière

Jam: amas de billots ou de pitounes qui se formait sur la drave (embâcle)

Job (à la job): mode de rémunération impliquant que le travailleur est payé selon ce qu'il produit

Jobber: (pron. djobeur), contractant, entrepreneur

Jumper: n. m. (pron. djompeur), petit traîneau avec des lisses en bois tiré par un cheval ; synonyme : suisse

Jumper: verbe, démissionner, quitter son emploi

Log: bille de bois

Lousser (se): pousser le bois vers la sortie du barrage

Lumberjack: bûcheron

Notch: entaille dans un arbre pour en orienter la chute

Office: bureau réservé à l'administration

Oreille de charrue: versoir, retour de l'eau qui frappe les galets de biais

Pancake: crêpes

Pileur: travailleur qui ramassait le bois avec un cheval

Poêle de cookerie: poêle à bois, en fonte, à six ronds, réservé à la cuisine

Racks à pitounes: cadre de 16 à 24 pieds de longueur déposés sur une *sleigh* pour le transport du bois

Raft : radeau destiné au transport du bois

Raftmen : hommes qui travaillaient sur les rafts

Rances : barres transversales posées sur une poutre

Rat d'eau : tourbillon, au pied d'un rapide, causé par le fort courant de l'eau descendante

Ravage : endroit de la forêt dévasté par un troupeau de chevreuils ou d'orignaux

Reel : pièce de musique traditionnelle

Retoper : compléter des voyages de pitounes incomplets

Rond de bois : section de la forêt réservée à un bûcheron

Rossignol : petite gaule utilisée afin de boucher un espace trop grand entre deux billots

Roule : tas ou amas de billots

Rouleur : gars qui montait les billots sur le roule

Run : saison de travail. On disait « une run »

Settler : régler, calculer le salaire et les dépenses

Shed à bois : abri pour le bois de chauffage

Shed à foin : hangar pour entreposer le foin

Shoboy (chore-boy) : préposé à l'entretien du camp des hommes

Sink : évier

Skids : billots de travers déposés sur un grand arbre (*stringer*) pour épauler un chemin dans une pente

Sleigh : traîneau tiré par des chevaux servant au *charroyage*. Au Québec : « une *sleigh* »

Slide : (pron. à l'anglaise), glissoire de bois utilisée sur le *charroyage* ou sur la drave

Slusher la dump: taper la neige pour épaissir et durcir la glace à l'endroit prévu pour y déposer le bois

Soupane: bouillie de farine d'avoine

Stringer: grand billot parallèle à la route

Sweep: en foresterie, ramassage de toutes les pitounes et les billots sur les bords de la rivière

Taler: noter un trait sur une feuille pour chaque pitoune

Tank: (pron. tinque), réservoir

Tappanhouse: tas de bois disponible sur le grand chemin où les charretiers pouvaient *retoper* leur voyage

Tatou: doublure de feutre pour les bottes

Top: faîte d'un arbres

Trail: sentier, en forêt

Trappage: chasse à la trappe (au piège)

Truck: camion

Truckin: danse populaire dans les années 1930

Tub à eau: (pron. tobe), baril contenant l'eau potable

Vanne: marchandise disponible au dépôt de la compagnie

Veau: pitoune tombée et oubliée sur le bord du chemin

Vêler: renverser un voyage de pitounes

Voyage: contenu ou charge d'une *sleigh* pour le *charroyage*

Windbraker: coupe-vent, manteau d'automne

TABLE DES MATIÈRES

CET OUVRAGE EST COMPOSÉ EN WARNOCK PRO CORPS 11.5
SELON UNE MAQUETTE DE PIERRE-LOUIS CAUCHON
ET ACHEVÉ D'IMPRIMER EN JANVIER 2016
SUR LES PRESSES DE L'IMPRIMERIE MARQUIS
À MONTMAGNY
POUR LE COMPTE DE GILLES HERMAN
ÉDITEUR À L'ENSEIGNE DU SEPTENTRION